PHILOSOPHISCHE PERSPEKTIVEN

Jochen Kirchhoff

Essays
zur
Weltkrise

AF191637

PHILOSOPHISCHE PERSPEKTIVEN

Jochen Kirchhoff

Essays zur Weltkrise

2022 – 2024

edition *dionysos*

Bibliografische Information der Deutschen Nationalbibliothek:
Die Deutsche Nationalbibliothek verzeichnet diese Publikation in der
Deutschen Nationalbibliografie; detaillierte bibliografische Daten sind
im Internet über http://dnb.dnb.de abrufbar.

Autor: Jochen Kirchhoff
Layout & Satz: Wolfram Bahmann, Uli Fischer
Coverfoto: pixabay
Verlag: BoD · Books on Demand GmbH
                       In de Tarpen 42, 22848 Norderstedt, bod@bod.de
Druck: Libri Plureos GmbH
                       Friedensallee 273, 22763 Hamburg
ISBN: 978-3-7693-2511-9

Inhalt

Begleitwort

Die Weltkrise hält uns in Atem. Sie begann nicht gestern. und es steht auch nicht an, dass sie morgen überwunden sein wird. Sie reicht in tiefste Bewusstseinschichten der Menschheit und des Gestirns und betrifft unser aller Leben tagtäglich und unmittelbar, keineswegs nur in den abgründigen geopolitischen Ränkespielen und in ihren Widerspiegelungen in den Krisen der deutschen Gesellschaft.

Kein anderer Autor hat sich der Überwindung der Weltkrise so umfassend und tiefgründig mit philosophischem Geist gewidmet wie Jochen Kirchhoff. Kein anderer Autor setzt so auf die Tiefenkräfte des Menschseins und ihr Potential, eine umfassende Transformation der Verhältnisse im kosmischen Kontext herbeizuführen.

Die hier versammelten Essays spiegeln seine Impulse in den „Kämpfen der Zeit" der Corona-Krise ebenso wider wie zeitlose Themen der menschlichen Existenz im Spiegel der Jahreszeiten und seine unermüdliche Kritik an der das Bewusstsein der Menschheit übermächtig beherrschenden Naturwissenschaft.

Elf Essays erschienen im Online-Magazin manova.news, einer im Cicero-Onlinemagazin und ein weiterer auf der Website des Institutes für Kritische Gesellschaftsforschung. Für die freundliche Überlassung der Texte für die Print-Veröffentlichung herzlichen Dank den verantwortlichen Redakteuren Roland Rottenfußer, Michael Meyen u. Ralf Hanselle.

Die Zusammenarbeit mit Manova in ihrer Kontinuität sei besonders gewürdigt – hier standen und stehen die hier wiederveröffentlichten Essays Seite an Seite mit einer Fülle an politischer und gesellschaftlicher Analyse sowie spiritueller Inspiration und Mut machenden Texten seelischer Selbsthilfe, die in ihrer Intensität und Wahrhaftigkeit eine unverzichtbare alternative Größe in der Medienlandschaft geworden ist.

Mögen diese Essays von Jochen Kirchhoff in ihrer eigentümlichen Stilistik, die dem Medium Internet und seinen Schreiberfordernissen sozusagen abgerungen wurde, in ihrer Wiedergeburt als lesbarer Taschenbuchtext ihre Leser erreichen im Sinne der Kirchhoffschen Gedanken:

Du, Mensch, bist gemeint vom Universum. Du kannst den Unterschied machen und Deiner Würde als geistig-kosmisches Wesen gerecht werden, in dem Du Dich als integraler Teil des Ganzen erkennst, annimmst und schöpferisch tätig wahrnimmst. Es ist an der Zeit. –

Uli Fischer und Wolfram Bahmann
im Dezember 2024

Philosophie
und
Zeitgeschichte

Der Corona-Blues

Die Coronakrise hat sich zunächst einmal sang- und klanglos verabschiedet. Daran ernsthaft noch rühren möchte wohl nur eine Minderheit. Schwamm drüber also. Oder? Nur keine Aufarbeitung, die alte Wunden aufreißen könnte und die die Mitläufer und Jasager an ihre eigene Blindheit und Feigheit erinnert. Das scheint erstmal mehrheitlich Konsens zu sein. Es gibt auch andere Stimmen, aber die dringen nicht durch.

Doch sich jetzt moralisch überlegen zu fühlen, dass man es „schon damals gewusst hat", bringt wenig. Mir geht es hier um anderes. Ich will einige meiner Eindrücke der letzten drei Jahre umreißen, denen ich auch repräsentativen Charakter zuschreibe, und Schlüsse daraus ziehen.

Als der Corona-Wahn anfing, fühlte ich mich überrumpelt, so dass ich eine Weile brauchte, um das Terrain zu ordnen und ansatzweise zu begreifen, was hier eigentlich geschieht. Was ist das? Wer führt hier Regie? Worum geht es in der Substanz? Wie soll ich mich dazu stellen, persönlich und dann auch öffentlich? Was rollt da auf uns zu? Dass es nicht um Gesundheit ging, war schnell klar. Aber worum dann? Waren es die Superreichen, die Großkonzerne, die Pharmaindustrie, manipulierte und gekaufte Politiker, bösartige und geldgierige Mächte, die die Krise raffiniert lancierten und steuerten, um uns zu ruinieren und zu unterjochen? Fragen dieser Art brachen auf, und ich versuchte mich ihnen zu stellen.

Hier muss ich anmerken, dass ich Anfang 2020 als Philosoph primär unpolitisch dachte. Ich hatte lange eine starke

Abwehrhaltung gegen alles Politische. Und dies aus einem tiefen Misstrauen heraus. Die Studentenbewegung, deren Zeuge ich in Berlin an der Freien Universität wurde, hat mich 23/24-Jährigen damals nicht im üblichen Wortsinn politisiert. Ich blieb irgendwie draußen, sah mir das Ganze an, ohne in der Tiefe davon tangiert zu sein. Anders war es dann beim Mauerfall und der Wiedervereinigung. Das packte mich sofort, forderte mich heraus und mobilisierte in mir Handlungsenergien, die ich vorher kaum gekannt hatte. Ich wollte einwirken, gestalten, mitmachen im umfassenden Sinne.

Das wurde sicher auch verstärkt durch meine Freundschaft mit Rudolf Bahro, dem bekannten DDR-Dissidenten, der Ende der Siebzigerjahre in den Westen abgeschoben wurde und nun auch hier politisch tätig wurde, im weiten Sinne ökologisch motiviert, getrieben von dem Grundimpuls, über die ökologische Krise einen kompletten Umbau der Gesellschaft ins Werk zu setzen, der auch spirituelle Züge hatte. Das fand ich in erster Lesart und in der Grundlinie damals richtig, trotz Einwänden im Einzelnen und auch im Prinzipiellen. Wir haben viel darüber gesprochen und diskutiert. Ich begann im Herbst 1990 an der Humboldt-Universität zu lehren. Zunächst Sozialökologie, dann zunehmend Naturphilosophie und Wissenschaftskritik. Irgendwann erlosch mein politischer Elan. Ich zog mich wieder auf die Philosophie zurück.

Erst Corona hat mich dann erneut und sozusagen grundsätzlich politisiert. Mir war klar, dass es jetzt, also im oder ab Frühjahr 2020, darum ging, klar Farbe zu bekennen, zu begreifen, was hier eigentlich läuft, und daraus auch ganz konkrete, sich im Handeln niederschlagende Schlüsse zu ziehen, was auch geschah. Und dies naturgemäß im Rahmen meiner philosophischen Aktivitäten und Forschungen. Ich fühlte mich als Philosoph sozusagen in die Pflicht genommen. Zunehmend wuchs in mir der Impuls, mit kühlem Kopf das zunehmend massiver, bedrohlicher und auch grotesker werdende Corona-Schauspiel geistig zu durchdringen und meine Stimme zu erheben, ohne direkten Politaktionismus, den ich für verfehlt hielt.

Die absurden Zahlen der Computermodelle, mit denen Politik gemacht wurde, zeigten mir schnell, dass die Machthaber sich an der herrschenden abstrakten Naturwissenschaft orientierten, und dies in schwindelerregender Ahnungslosigkeit, was die tieferen Zusammenhänge dieser Zugangsweise zur Welt überhaupt anbelangt. Das breite Publikum nahm alles ergeben hin. Das verwunderte mich nicht.

Der Kotau – nicht nur der Intellektuellen – vor den Naturwissenschaften und der Mathematik war mir seit vielen Jahren vertraut. Verblüffend und auch neu war für mich nur, dass diese Wissenschaftshörigkeit nun eins zu eins ins politische Handeln rückte und das Schicksal von Millionen von Menschen bestimmte.

Alle Irrtümer und Fehler der abstrakten Naturwissenschaft wurden ohne den Hauch einer kritischen Reflexion übernommen. Die erkenntnistheoretischen Voraussetzungen der allenthalben vorgetragenen abstrakten Modellrechnungen und -prognosen wurden zunächst gar nicht und dann nur ganz vereinzelt kritisch ins Bild gerückt. Sie erwiesen sich durchgängig als falsch. Nichts stimmte, was lautstark behauptet und propagiert wurde und worauf die politischen Coronamaßnahmen beruhten.

Völlige Fehlanzeige in dieser Hinsicht bei den meisten sogenannten Intellektuellen, die fromm und ergeben jeden Wahn aus dieser Richtung hinnahmen, als müsste es so sein. Ich empfand das als ein unwürdiges und peinliches Spektakel. Die meisten waren auf diesen Punkt gar nicht ansprechbar, wiesen alles von sich. Sie vertrauten mehrheitlich dem, was ihnen als Wissenschaft vorschwebte beziehungsweise ihnen als alternativlos präsentiert wurde. Und hier meine ich nicht nur die politische Vereinnahmung der Wissenschaft, also ihre Manipulation im Dienst der Mächtigen – die trat offen genug zutage –, sondern diese Wissenschaft selbst als abstraktes Erkenntnisprinzip, welches im Grundansatz Leben und Bewusstsein ausklammerte und damit die Vorstellung beziehungsweise Illusion eines toten und sinnlosen Weltalls zementierte.

Der erste Lockdown in Deutschland – um diesen fragwürdigen Begriff aus dem Strafvollzug zu verwenden – ab dem 22. März 2020 wirkte auf mich gespenstisch. Von meiner Wohnung aus kann man einen Spielplatz sehen, der immer voller Leben war. Nun herrschte lähmende Stille. Kein Kinderlachen mehr. Das ganze Gelände war abgeriegelt wie militärisches Sperrgebiet. Damals herrschte übrigens, woran sich viele erinnern werden, über Wochen hinweg ein sozusagen makelloser Himmel. Eine unvorstellbare und zauberische Klarheit. Ein krasses Gegenbild zu dem kollektiven Irrsinn, der zunehmend die Gesellschaft erfasst hatte. Und dieser Irrsinn, wie sich dann zeigte, gewann nicht nur in Deutschland, sondern in vielen Staaten die Oberhoheit.

Meine Nächte wurden zunehmend schwierig. Ich lag oft lange wach und grübelte über das alptraumartige Geschehen, das nun alles zu bestimmen schien. Corona morgens, Corona abends. Corona als Dauerthema. Die Medien überschlugen sich. Die kollektive Angst vor dem Virus war spürbar. Blind taumelten die Menschen in einen von den Herrschenden inszenierten Horrorfilm. Die Maske wurde zum religiösen Symbol. Der sich ihr Verweigernde geriet zunehmend in Bedrängnis. Die Polizei machte sich zum Büttel der herrschenden Politik und agierte vielerorts mit beispielloser Brutalität und Dumpfheit.

So gesellte sich zu der Angst vor einem Killervirus, das bald Millionen von Menschen dahinraffen würde, beziehungsweise der Angst vor der Ansteckung durch dieses winzige Monster, und vor dem Mitmenschen als Virusträger und Virusschleuder, die Angst vor der brutal blind agierenden Staatsmacht.

Argumente kritischer Art, die da und dort auftauchten, vor allem in den alternativen Medien, fanden in der gleichgeschalteten Öffentlichkeit keinen Widerhall, sondern stießen auf beinharten Widerstand. In meinem Tagebuch notierte ich schon am 8. März 2020: „Die Front rückt näher."
Immer und immer wieder, über Wochen hinweg, dieser klare Himmel, dieses Licht in kosmischer Majestät, ein Himmel, der eine von Angst und Wahn bestimmte Gesellschaft überwölbte, als ob es ein Dämon darauf angelegt hätte, uns alle in den Untergang zu peitschen, in die Vernichtung. Oder was war es? Wer mischte uns schmerzhaft hinein? Und dies in planetarem Maßstab. Ich empfand es als einen Feldzug gegen das Genuin-Menschliche und Lebendige zugunsten von dämonischen und tötenden Prinzipien. Warum, so grübelte ich, lassen die Menschen das mit sich machen? Weil sie es akzeptieren, für richtig halten, oder weil sie dazu gezwungen werden, egal wie sie dazu stehen?
Die Angst vor dem Virus, dies begriff ich zunehmend, geriet

zur Urangst vor dem Tod überhaupt. Corona war der Tod selbst. Corona war der Sensenmann. Diese Fiktion hatte unzählige Menschen voll im Griff. Als ich im Herbst 2020, wie so häufig ohne Maske, in der S-Bahn saß, rief mir eine weibliche Person zu, als sie den Zug verließ: „Viel Spaß auf der Intensivstation!"

Es gab irgendwann nur einen relevanten Tod, den durch Covid. Alle anderen Tode zählten kaum noch. Die eigentlich seit vielen Jahren bekannten Coronaviren gerieten zu alles beherrschenden und tückischen Ungeheuern. Der berühmte PCR-Test zauberte sie immer wieder neu herbei. Der Test-Positive galt nun als verseucht und damit krank. Und alles musste getan werden, um die Gemeinschaft vor ihm zu schützen. Jeder konnte der unbewusste Mörder des Anderen sein. Daher: Masken auf, möglichst überall.

Eine transzendenzlose Religion der Masken, der Staatsgläubigkeit und eines ungebremsten Maßnahmenfetischismus entstand. Der Unmaskierte und damit widerborstige Zeitgenosse war der egoistische und unsoziale Schädling, den jeder Depp rüde zur Rede, ja zur Anzeige bringen konnte, ja sollte. Ich fühlte mich wie in einer offenen Psychiatrie. Oder wie im Freilandgefängnis. „Im falschen Film" sowieso.

Was die Masken betrifft, so hatte ich früh beobachtet, dass diese von vielen mit einer gewissen Inbrunst getragen wurden, wie bei Angehörigen einer Sekte, und geradezu als sinnstiftend empfunden wurden. Endlich hatte das Leben einen Sinn, auf den hin man sich ausrichten, den man spüren konnte, der sich in das Gesicht eindrückte und das Atmen erschwerte, was selbst für Maskenfans gelegentlich unangenehm wurde. Aber: Das Leiden gehörte offenbar dazu. Ich trage Maske, also bin ich. Ich leide, aber ich helfe anderen, ich diene der Menschheit. Ich bin solidarisch. Dazu muss ich mein Gesicht verbergen und damit meine Individualität. Du bist nichts, Corona ist alles, muss alles sein, denn nur so können wir Erfolg haben und das Monstervirus besiegen.

Hinter oder unter der Maske, auch das beobachtete ich oft, tickte die Angst, die panische Angst vor der Ansteckung mit all ihren Folgen. Da den Menschen das unermüdlich eingeredet wurde, kann man es nicht per se verurteilen. Die Panik wurde schamlos und perfide erzeugt. Die Angstmaschine lief fast pausenlos.

Dazu kam der politische Druck. Der Staat griff brutal zu, wo sich Widerstand gegen die Maßnahmen zeigte. Viele Mitmenschen mutierten faktisch zu Coronapolizisten, die schroffe und dumpfe Befehle aussprachen. Das habe ich immer wieder erfahren.

Ich fragte mich, mit dem italienischen Philosophen Giorgio Agamben: „An welchem Punkt stehen wir?" (Das war der Titel eines Essays von Agamben vom 20.3.2020.) Spätestens als ich dann verstand, dass das herrschende Narrativ vom Killervirus und von der Notwendigkeit massiver Einschränkungen mittels drastischer Maßnahmen offenbar von der Mehrheit der Menschen akzeptiert und getragen wurde und rationale Argumente dagegen einen gegen null gehenden Effekt hatten, wurde mir vieles klar, verschärfte sich meine Aufmerksamkeit. Ich sah, dass das Groteske und Banale flächendeckend als Sieger auftrat und sich breitspurig bemerkbar machte, und dass alles darauf angelegt schien, aus Deutschland eine kulturelle und geistige Wüste zu machen, in der maskierte Sektierer das Sagen hatten, die sich als Retter und Menschenfreunde gerierten.

Die offiziellen Lügen wurden immer dümmer und massiver.

Zwar brachen zunehmend Pfeiler des herrschenden Wahnsinns zusammen beziehungsweise wurden von klugen Köpfen zerlegt – etwa der PCR-Test oder die absurden Inzidenzen – , aber das hatte zunächst kaum größeren Einfluss. Lange wurde wie der Teufel getestet.

Dann kam der nächste Schritt: Die Propagierung und Einführung der sogenannten Impfung. Es drohte die allgemeine Impfpflicht. Wie auch andere Ungeimpfte machte ich mir Gedanken, wie ich mich verhalten sollte, wenn ich mit brutalem Zwang konfrontiert würde, mich impfen zu lassen. Ich ventilierte die verschiedensten Möglichkeiten. Keine erschien mir gegen jeden Zweifel erhaben. Dann fiel die Impfpflicht.

Als Ungeimpfter und Nicht-Autofahrer hatte ich in der sogenannten 2G-Regelung Mühe, mein engstes Wohnfeld zu verlassen Ich durfte kein öffentliches Verkehrsmittel benutzen. Natürlich habe ich es trotzdem getan. Wo es ging, ohne Maske. Gelegentlich war die Maske erforderlich, um den Corona-Greiftrupps keinen Anlass zu geben, mich zu kontrollieren und gegebenenfalls aufzufordern, den Zug zu verlassen. Ich kam fast überall durch, was ich irgendwie erstaunlich fand. Mit normalem Fahrschein, aber ohne Mitfahrerlaubnis. Im Notfall nahm ich mir ein Taxi. Oder ich konnte mir Nahestehende bewegen, mich an meinen Zielort zu transportieren. Da die meisten Autofahrer sind, haben sie oft gar nicht über meine Situation nachgedacht. Darauf hinzuweisen war mir fast peinlich.

Die Impfkampagne habe ich als besonders widerlich und demütigend empfunden. Zunehmend kamen ja auch die verheerenden Schäden dieser sogenannten Impfung ans Licht. Noch immer ein heikles und weitgehend tabuisiertes Gebiet, wie man weiß.

Corona-Blues. Eher eine milde Formel, wenn man an diesen Alptraum denkt, der uns noch immer irgendwie atmosphärisch umgibt, der noch giftig in der Luft liegt. Noch immer sind die vielen Coronalügen nicht umfassend entlarvt. Das kollektive Schweigen, gerade über die sogenannten Impfungen, ist tückisch und vergiftend. Ich wünsche mir manchmal eine Art Welttribunal. Und das gilt nicht nur für Corona. Es gilt im Grunde für den ganzen mörderischen Wahnsinn auf diesem geschundenen Planeten. Corona ist nur eine der jüngsten Manifestationen dieses Wahnsinns.

Oft stand ich auf dem S-Bahnhof und hatte Mühe zu begreifen, dass ich der schlichten Freiheit beraubt war, in den nächsten Zug einzusteigen.

Ich sah die Menschen ein- und aussteigen und fragte mich, ob ihnen bewusst war, dass sie nun eine Art Privileg hatten, das mir und etlichen anderen Ungeimpften genommen wurde. Ich vermute, dass es den meisten völlig gleichgültig war. Und das war das Erschreckende. Das war nicht tragisch, eher schaurig trivial. Man konnte das ja einige Schritte weiterdenken. Und das tat ich gelegentlich. Wo würde der Spuk enden? Wie weit würden die Herrschenden gehen?

Der Corona-Irrsinn wirkte zunächst wie ein Zivilisationsbruch, war aber bei Licht gesehen „nur" die logische Weiterführung und Steigerung von Tendenzen, die seit langem schon unterwegs waren. Schon vorher war deutlich, dass die so oft beschworenen kulturellen und zivilisatorischen Werte einer echten Belastungsprobe nicht würden standhalten können.

Ich habe schon vor Jahrzehnten den Firnis der bürgerlichen

Welt für sehr dünn gehalten. Eine kleine Drehung nur, und er würde zerbrechen.

Und das würde, so dachte ich, verheerende destruktive Energien freisetzen. Spätestens seit der Hölle des Ersten Weltkrieges müsste dies eigentlich jedem aufmerksamen Betrachter der geschichtlichen Abläufe bewusst sein.

Und doch, und doch: Corona war ein kaum zu überschätzender Einschnitt, ein Einhieb sozusagen, der vieles zerschlug und für unmöglich Gehaltenes zutage förderte. Grundlegende soziale Übereinkünfte wurden jäh gekippt. Und dies in verblüffender Schnelligkeit ...

Was ich von der Coronakrise verstanden zu haben glaube, lässt sich wie folgt umreißen: Auch halbwegs friedliche und verträgliche Zeitgenossen können rasend schnell zum Mob werden, der brachial und fanatisch diffamiert, verunglimpft und ausgrenzt, und, wo es für geboten erachtet wird, auch zuschlägt, wenn sich aufmüpfige Subjekte ihm in den Weg stellen. Der Absturz auf eine quasi archaische Bewusstseinsstufe, auf der aus dem Rudel heraus agiert wird, ist als Möglichkeit bei der Mehrheit der Menschen gegeben. „Ist mir aber was nicht lieb, weg damit ist mein Prinzip", heißt es dann wie bei Wilhelm Busch.

Menschen kann man fast alles einreden und plausibel machen, auch wenn es absurd ist, wenn es überzeugend genug und von staatlichen und wissenschaftlichen Autoritäten vorgetragen wird. Das klingt zynisch, doch kann es nicht ernsthaft bestritten werden. Selbst denken hat Seltenheitswert.

Vernunft zählt in der Krise wenig. Wissenschaft wird von den Herrschenden wie eine Monstranz hochgehalten, während faktisch quasi-religiöse Dogmen das Feld bestimmen, noch dazu sanktioniert durch eine Jasager-Moral, die keine Abweichungen duldet.

Was macht es mit einem nachdenklichen, sensiblen Menschen, wenn er erkennt, dass er in einem Wahnsystem lebt, das die meisten um ihn herum für die Realität halten?

Staatsterrorismus, wie ihn die Coronaregime praktizierten, basiert in der Regel auf einem defizitären Menschenbild; Der Mensch wird, grob materialistisch, zum bloßen Körper degradiert und seiner metaphysischen Substanz beraubt, in der letztlich seine Menschenwürde wurzelt. Zugleich wird alles Spirituelle und als „esoterisch" Bewertete verunglimpft und politisch dem „rechten Spektrum" zugeordnet.

Ein Zurück zum Vor-Corona-Zustand wird es nicht geben. Corona hat erschreckende Mentalitäten freigelegt, auch die Lust der Herrschenden am Autoritären ihres Handelns und die Apathie der Menge.

Erfreulich in den Coronajahren waren für mich die vielen neuen und lebendigen Kontakte, die sich in der „Dissidentenszene" einstellten; hier traf ich wache und kritische Menschen, denen ich ohne Corona nie begegnet wäre. Das hatte etwas Ermutigendes. Eine Art Konsenszwang hat sich daraus nie ergeben.

Das habe ich mich oft gefragt, auch schon vor Corona. Ich glaube nach wie vor an ein unzerstörbares schöpferisches Potential im Menschen, auch wenn dies meist verschüttet liegt. Irgendwann könnte – und wird – sich das Dunkel lichten. Ohne den geistig- kosmischen Faktor allerdings, um das einmal so zu nennen, wird es nicht gehen. Die Mensch-Kosmos-Frage, die mein Denken seit mehr als einem halben Jahrhundert bestimmt und vorantreibt, verlangt nach einer

Antwort. Die abstrakte Naturwissenschaft kann diese Antwort nicht geben, auch die Religionen können es nicht. Ich ringe um diese Antwort.

Der erste Schritt, so meine ich, wird und muss darin liegen, zu erkennen, dass wir in einer rundum lebendigen Welt leben, und dass das „Du-bist-nicht-gemeint-Universum" der monströsen Leere und Sinnlosigkeit eine Illusion darstellt, die uns ruiniert.

* * *

Zerrissen zwischen Ost und West

Im Westen wurde Rudolf Bahro zum Mitbegründer der Grünen, von denen er sich bald wieder trennte, weil er sie als „Systempartei" erkannte. Aber davon will ich nicht reden. Ich war mit Bahro seit dem Sommer 1988 befreundet. Als er im Herbst des Jahres einige Tage in Westberlin war, wohnte er bei mir. Schier endlos waren unsere Frühstücksgespräche. Wir „symphilosophierten" sozusagen hemmungslos, überlegten, wie man Deutschland „aufmischen" konnte. Das ging sehr weit. Vielleicht zu weit. Beethoven spielte da eine gewisse Rolle; wir beide waren glühende Bewunderer des Menschen und seiner Musik. Von ihm war im Laufe unserer Freundschaft immer wieder die Rede. Mit Bahro gemeinsam ein Beethoven-Streichquartett zu hören war ein Erlebnis für sich. Ich habe wenige Menschen kennengelernt, die so intensiv und konzentriert klassische Musik hören konnten wie er. Ich hatte Bahro im Frühjahr 1988 kontaktiert, weil mich sein Buch „Logik der Rettung" beeindruckte. Nicht allem konnte ich zustimmen, aber das war zweitrangig. Das Buch war ein großer, in Teilen sicher auch naiver Entwurf, der aber enorme Strahlkraft besaß, wie ich fand. Viele haben das Buch damals kritisiert. Es wurde von manchen Kritikern geradezu lächerlich gemacht. Das fand ich ungerecht und ignorant.

An die sogenannte Wiedervereinigung war zunächst nicht zu denken. Die hatte Bahro ohnehin nicht gewollt. Als sie dann kam, war er dagegen. Er lebte in Niederstadtfeld in der Eifel, also fernab von Berlin. Dort war er die Zentralfigur einer kleinen ökologisch-spirituellen Gemeinschaft. Im „grünen Umfeld" wurde er häufig als eine Art Kuriosität behandelt. Beethoven, Hölderlin, Hegel, Meister Eckhart, Luther, Müntzer und manch andere dieses Kalibers waren für Bahro sozusagen Kampfgefährten, die er oft und gerne heraufbeschwor. Sie waren für ihn nicht in erster Linie historische Gestalten, sondern lebendige Zeitgenossen. Da konnte und wollte kaum einer mitgehen. Ich konnte es, auch wenn unsere Kampfgefährten nicht durchgängig identisch waren. Beethoven war es jedenfalls. Ohne Beethoven ging es nicht. Was Müntzer anlangt, so schien er sich für eine Reinkarnation desselben zu halten. Es gab jedenfalls immer wieder Äußerungen, die in diese Richtung wiesen.

„ ... die nicht mit den Wölfen heulen" heißt ein Essayband von Bahro (geschrieben 1967 bis 1969), in dem es primär um Beethoven, sekundär auch um Hölderlin und Fichte geht. Am Ende wird das Spätwerk Beethovens ausgelotet, vor allem die letzten Quartette. In der Großen Fuge, schreibt er, gebe es „trotz aller Bedrohtheit und Schärfe der Situation kein Verhalten, kein einziges Ritardando, kein Crescendo, kein Decrescendo. Der Held bleibt mit faszinierender Beharrlichkeit bei dem einmal angeschlagenen Gleichmaß seines Marsches. Wer so auszuschreiten vermag, ist auf alles gefasst gewesen, ehe er den ersten Schritt getan". Da schwang auch eine idealische Selbststilisierung Bahros mit, die immer wieder bei ihm durchbrach. Meistens indirekt, gelegentlich auch direkt. Kritiker meinten: Der überschätzt sich selbst maßlos.

Zwar bezeichnete sich Bahro gerne als „Produkt der DDR", aber seine eigentlichen Wurzeln waren tiefer gelagert, was ja schon der Hinweis auf die genannten Mitstreiter erkennen lässt. Er sah sich gleichsam als exemplarischen

Deutschen, ohne dass er eine solche Formulierung jemals verwendet hätte.

Ihn interessierten die Deutschen, und er grübelte darüber nach, was es mit ihnen auf sich habe. Die Deutschen, sagt Nietzsche einmal, seien „von vorgestern und von übermorgen".

Das ließe sich zwanglos auch auf Bahro anwenden. Bahro und ich haben, zusammen mit Rainer Langhans, einmal ein Seminar geleitet, das meiner Erinnerung nach den lapidaren und auch abgründigen Titel hatte: „Was ist deutsch?". Das war irgendwann im Frühjahr 1990. Da spielte auch mein Buch „Nietzsche, Hitler und die Deutschen" hinein, zu dem Bahro ein Vorwort geschrieben hatte, das kurz nach dem Mauerfall erschienen war und in der Noch-DDR eine breite Resonanz auslöste. Ob wir damals in dem Seminar dem „deutschen Rätsel" irgendwie näher gekommen sind, möchte ich eher bezweifeln. Ich weiß nicht mehr, ob es einen Mitschnitt gegeben hat. Möglich wäre es. Aber solche Mitschnitte waren damals eher selten.

Über die DDR haben Bahro und ich immer wieder gesprochen. Er konnte sich niemals ganz lösen von diesem Thema, was durchaus verständlich war. Ich habe viel gelernt von ihm, was die Geschichte der DDR betraf. Für Bahro war die SED als Partei eine Religion. Als ich einmal, im Gegenzug, die herrschende Ideologie dieser Partei als Materialismus bezeichnete, sprach Bahro mit einer Vehemenz dagegen, die mich irritierte. In seiner berühmten Rede auf dem außerordentlichen Parteitag der Noch-SED, am 16. Dezember 1989, die dann zur Umbenennung der SED führte, war dies deutlich spürbar. Bahro sprach aus einer tiefen emotionalen Betroffenheit heraus. Viele Delegierte quittierten seine Worte

mit Hohn und Spott. Zum Beispiel als er von der nun herein-
brechenden „gesamtdeutschen Autogesellschaft" sprach.

Bahro gab mir vorher die Notizen zu seiner Rede. Einen
Tag nach dem Parteitag besuchte er mich und erzählte mir,
aufgewühlt und erregt, was sich zugetragen hatte. Ich habe
ihn niemals zuvor so betroffen erlebt. Es ging völlig eindeu-
tig um Politik und um Religion. Bei Bahro eigentlich immer.
Das eine war nie von dem anderen zu trennen.

Rudolf Bahro hat die DDR niemals auf den Schrotthaufen
der Geschichte verwiesen. Er stand auch zu seiner früheren
Parteikarriere in der SED. Er hatte nicht die mindeste Ab-
sicht, sich in dem sattsam bekannten und peinlichen Modus
von seiner DDR-Vergangenheit als Parteifunktionär zu di-
stanzieren. Er bot sogar dem inhaftierten Honecker an, vor
Gericht für ihn auszusagen – was dieser ablehnte –, wohl
wissend, dass es Honecker war, der ihm eine Haftstrafe von
acht Jahren zugedacht hatte.

Seine Stasiakte hat er sich niemals angesehen. Es interes-
sierte ihn gar nicht. Mir hat das imponiert. Man kann es auch
seltsam finden. Sicher hing das auch mit seinem enormen
Selbstbewusstsein zusammen. Er hätte es als unter seiner
Würde gefunden, sich der allenthalben praktizierten „Siegerjustiz" vonseiten des Westens anzuschließen.

Den Begriff „Siegerjustiz" in diesem Kontext habe ich übrigens von Bahro übernommen.

Irgendwie war Bahro ein Unikum, kaum vergleichbar mit
anderen Dissidenten. Er kam von weither. Und das trug ihn.
Das gab ihm Halt. So war es letztlich die Geschichte, als deren Teil und Mitgestalter er sich verstand. Der postmoderne
Nihilismus des „Anything goes" war ihm fremd. Ihm setzte
er, wenn man es so nennen will, einen metaphysischen Wil-

lensimpuls entgegen, obwohl er das Wort Metaphysik eher mied.

Rudolf Bahro starb am 5. Dezember 1997. Er wurde auf dem Dorotheenstädtischen Friedhof beigesetzt. Die Trauerrede an diesem 12. Dezember hielt ich. Gegen Ende der Rede heißt es:

„Wer war Rudolf Bahro, was war Rudolf Bahro? Ich habe darüber oft nachgedacht, und ich habe keine restlos befriedigende Antwort gefunden. Vielleicht war er ein mystisch orientierter Politiker oder ein politisch orientierter Mystiker, ein Mönch, den es danach drängte, Kulturrevolutionär zu sein, halb Luther, halb Müntzer, ein Reformator – als er mir im Sommer 1988 seine ‚Alternative' überreichte, schrieb er hinein: ‚Für Jochen Kirchhoff meine Utopie der Russischen Revolution' –, ein Reformator einer Kirche, die sich dann in Nichts auflöste. Vielleicht war er – und manchmal hatte ich diesen Verdacht – ein Musiker, dem es an Möglichkeiten fehlte, seine Befähigung auszuleben. Er war ein Denker, der im eigentlichen Sinne gar nicht denken, sondern wirken und handeln wollte. Wie viele, gerade deutsche, Denker verlangte es ihn nach der großen, befreienden Tat. Dann wieder war er ganz der spirituelle, der meditative Mensch."

Rudolf Bahro ist weitgehend vergessen worden. Kaum jemand, der sich auf ihn positiv beruft oder bezieht. Daran wird sich erst einmal nichts ändern. Der Zeitgeist bläst in eine gründlich andere Richtung. Er wäre – und er war – ein Störfaktor. Mehr als die meisten denken. Doch heute Störfaktor zu sein ist kein Manko, sondern eher eine Auszeichnung.

Unterstellt natürlich, diese Störung sei produktiver und intelligenter Art, kein dumpfes und unreflektiertes Aufbegehren, wie man es zur Genüge kennt.

Wer sich auf Bahro einlässt, und dies kann durchaus kontrovers geschehen, wird auf etliche Gedanken stoßen, die es wert sind, sich mit ihnen auseinanderzusetzen.

Man muss ihm nicht rundum zustimmen. Aber vor der Ernsthaftigkeit seines auch „geistig-moralischen Wollens" kann man durchaus Respekt haben. Im Spannungsfeld von Ost und West war er eine repräsentative Figur, an die sich zu erinnern lohnt.

So denke ich jedenfalls. Sonst hätte ich diesen kleinen Text nicht geschrieben, der mir unter der Hand zu einer Art Bahro-Hommage geraten ist. Aber das ist vielleicht kein Fehler ...

* * *

Philosophie
und
Lebensrhythmus

Die Rückkehr des Lebens

Immer wieder hat sich mir der Eindruck vermittelt, dass der Frühling für viele Menschen in der westlichen Welt eine Herausforderung und zugleich Überforderung darstellt. Das hört sich eigenartig, vielleicht befremdlich an. Worum geht es?

Zunächst bleibt festzustellen, dass der sogenannte moderne Mensch zwar hin und wieder angerührt wird von der Erhabenheit und Schönheit der Natur und diese ja auch sucht, um dem Alltag zu entgehen, aber nicht wirklich aus dem Korsett seiner Rationalität und Nüchternheit ausbrechen kann – und meist auch will –, sich insofern quasi in Sicherheit bringt vor allzu starken, ihn möglicherweise tiefer anrührenden, ja überwältigenden Eindrücken.

Wenn man sich dem, was im Frühling geschieht, wirklich stellt, wenn man das allenthalben zu beobachtende Hervorbrechen, Sprießen und Sich-Manifestieren in überwältigender Fülle und Pracht tief in sich aufnimmt, nicht nur staunend und erfreut, sondern auch geistig-seelisch angerührt, geschieht eine Verwandlung, eine Transformation.

Warum? Weil sich das Wachsen und Werden schlechthin bekundet. Und zwar aus dem Unsichtbaren heraus ins Sichtbare. In die Gestalt. Ursprung und Gestalt: Ein großer und tiefer Zusammenhang, den man nicht ausloten oder zu Ende sinnen kann.

Viele macht das verlegen. Sie fürchten, sich lächerlich zu machen oder in Gefühlskitsch abzugleiten, wenn sie offen bekunden, dass sich ihre Seele gleichsam schönheitstrunken weitet. Nebenbei bemerkt: Wo mit der Blütenpracht des

Frühlings geworben wird, etwa für ein Kosmetikprodukt oder für einen Urlaubsort, wird oft gnadenlos appelliert an genau diesen Gefühlskitsch, und dies aus dem Wissen heraus, dass dieser mühelos und schnell abgerufen werden kann.

Der Frühling ist in unseren Breiten immer der große Verwandler und Hervorbringer, der jäh und wie durch Zauberhand alles winterlich Erstarrte und Verborgene aufbricht und in die überwältigende Sichtbarkeit rückt, der das Ruhend-Verpuppte in die blendende Lichtfülle holt. Aus dem Quasi-Nichts treten Formen hervor, zunehmend üppiger und zahlreicher, wenn man sie lässt und nicht gleich im Lärm und Staub städtischer Ödnis erstickt und nur als modisches und schnell zu konsumierendes Flickwerk missbraucht.

„Nun muss sich alles, alles wenden", heißt es in einem Gedicht von Ludwig Uhland, das Schubert eindringlich vertont hat. „Die Welt wird schöner mit jedem Tag,/man weiß nicht, was noch werden mag,/ Das Blühen will nicht enden." So lauten die Textzeilen. Eine Art Utopie wird offenbar, eine Verheißung, die auch immer mit Hoffnung zu tun hat. Mit Hoffnung auf die Wende, die große, befreiende Wende, die uns dem Licht verbindet und Wege aus der Ödnis weist, aus der Gewalt und dem tief innen nagenden Gefühl der Sinnlosigkeit.

So wirkt der Frühling, Naturschönheit überhaupt, geradezu sinnstiftend, und wenn nicht dies, dann doch steigernd, erhebend, ermutigend. Vielleicht gibt es doch den Sinn hinter und in allem. Vielleicht ist doch nicht alles vergeblich. Vielleicht sind wir doch nicht verloren. Vielleicht ist der von uns produzierte oder geduldete Irrsinn doch nicht das letzte Wort.

Alles, alles könnte sich wenden. Und das signalisiert das Frühlingsgeschehen. Das schwingt in ihm mit, auch wenn es oft missachtet oder als trügerisch und falsch abgewertet wird. Dann wird die Schönheit geradezu der Lüge verdächtigt, auch wenn dies eigentlich absurd erscheint.

Was den Menschen am Frühling erfreut, ist nicht nur das, was er sinnlich berückend zeigt, sondern was er über all das hinaus verkündet. Dass das Dunkel überwunden wird und das Licht siegt. Dass alles sich wenden kann und wird – was ja schon anklang – , dass die Luft voller Verheißung ist, Verheißung eines anderen, tieferen Frühlings.

Ich scheue mich nicht, geradezu von der metaphysischen Dimension des Frühlings zu sprechen. Der Frühling beweist, sozusagen grundsätzlich, dass ein schöpferisches Potenzial, auch als große Veränderung, keine Phantasmagorie ist, sondern Wirklichkeit. Dass sich Erstarrtes zu lösen vermag. Dass wir in einen großen Kreislauf integriert sind, der uns wieder ans Licht bringt. Das Licht siegt, die Fülle siegt, die Schönheit siegt. Diese Siege beglücken uns und helfen uns. Alles wird leichter, durchlässiger, offener. Der Anfang schlechthin wird spürbar. Auch das ist es.

Natürlich ist der Frühling in den Bergen ein anderer als der im flachen Norden. Und: Es gibt den eher südlichen und den eher nördlichen Frühling. Das anzuführen, erscheint fast trivial, ist es aber nicht. Eines ist der Frühling nie: eben trivial, belanglos, langweilig. Denn in ihm wird ein machtvoller Bogen gespannt. Insofern liegt eine große Spannung in der Luft. Eine große, rätselhafte Bewegung zum Anderen, Höheren, Weiteren ...

Im Italienischen heißt der Frühling Primavera. Man denke an das berühmte Gemälde von Botticelli. Vielleicht meint dies so etwas wie „Das erste Wahre"? Ist es das? Ist die Schönheit wahr? Was verkündet sie? Ist diese Schönheit gut? Diesen Fragen liegt die neuplatonische Gleichsetzung des Guten mit dem Schönen und Wahren zugrunde, über die jahrhundertelang hinweg gestritten wurde. Ist diese Gleichsetzung nicht doch „irgendwie" in uns verankert, egal, was nun Wissenschaftler und Intellektuelle und Skeptiker aller Couleur dazu sagen? Ich will es zu bedenken geben.

Der Frühling im Mai 1945 soll besonders eindrucksvoll und schön gewesen sein.

Die Niederlegung der Waffen nach Jahren des mörderischen Krieges fiel mit dieser Frühlingspracht zusammen. Erschütternd und emotional kaum auszuhalten, wie aus vielen Zeugnissen ablesbar ist. Frühling und Frieden. Hölderlins großes Gedicht „Friedensfeier" scheint auf. Was fangen wir damit an, jenseits von Sentimentalität, Kitsch und verlogenen Gefühlen?

Der Frühling ist und bleibt eine große Herausforderung. Werden wir sie bestehen?

* * *

Lichtfülle des Lebendigen

Der Sommer singt ein ganz eigenes Lied, wenn er das erfüllt, was mit ihm mehrheitlich in unseren Breiten verbunden und zum Sehnsuchtsort geworden ist: die Wärme, die Fülle des Lichtes und die Fülle der Farben und Formen, die vom Frühling herüberreichen und dann zunehmend verschwinden. Dieses ganz eigene Lied nimmt auch mich hinein, den auf der Höhe des Sommers Geborenen, singt es mir vor, regt mein Singen an. Beruhigt mich, belebt mich, lässt mich sein. Oder gewährt mir das Sein als tragenden Grund der Existenz. Ich fühle mich gehalten, „gemeint" und eingebunden. In der Fülle und Weite um mich herum und in mir – oft kaum zu trennen – weitet sich der Geist, wird umfänglicher und zugleich rätselhafter. Und das meine ich primär ontologisch und nicht nur psychologisch.

Der Sommer beginnt, wenn der Sonnenstand, Tag um Tag mehr, bereits abwärts zeigt, die Dunkelheit zunehmend näher rückt. Eigentlich seltsam. Die bekannte „Verzögerung der Extreme". Aber sie erklärt das Phänomen nicht in der Tiefe. So wohnt in der Dichte und Schönheit des manifestierten Seins die Vergänglichkeit, das „Nicht mehr", das dann wieder in Stufen zum „Noch nicht" wird. Das Vergehen des Sommers und im Sommer wird besonders schmerzlich wahrgenommen.

Dem Sommer eignet etwas Lösendes, Ruhiges, Einbettendes, nichts Drängendes wie im Frühjahr.

Der Frühling sucht die Form, drängt nach der Form, sehnt sich nach der Form, während der Sommer sie souverän entfaltet und ausströmt. Und damit prunkt und glüht, und dies auch, wenn der Blütenzauber allmählich verlischt.

Und die Form: Was ist das? Wie entsteht sie? Aus welchen Tiefen quillt sie hervor? Die Naturwissenschaft jedenfalls weiß nichts davon. Vor dem Leben schlechthin kapituliert sie – obwohl oft das Gegenteil behauptet wird –, wie auch vor dem Bewusstsein.

Oder ist die Frage schon unsinnig? Es gibt Lieder, die den Sommer besingen, wobei man hier zunächst vom Text ausgeht. Aber das ist erst einmal nicht gemeint. Es geht um die Musik selbst und ihre sprachlich nicht auslotbare Qualität. Es geht um Musik, die groß atmet und das Helle und Weite genauso einfängt wie die dunkle Tiefe und auch Traurigkeit, die fast allen Dingen als Schatten eingewoben ist, den auch die Sommerglut nicht zum Verschwinden bringen kann.

Schuberts große C-dur-Sinfonie gehört vielleicht dazu, in der auch die Landschaft um Wien herum mitschwingt und – klingt. Grinzing, der Kahlenberg und all das. Sommerhitze in den Gassen Wiens. Und am Kahlenberg kam ich einmal jäh und überraschend in einen anderen Bewusstseinszustand. Da glühte alles und zeigte sich als es selbst – ohne von Drogen induziert zu sein. Das war 1972 und dauerte nur Minuten. Ein Hauch gleichsam. Doch der Glanz, der sich zeigte, blieb unverlierbar für mich. Er war auch Klang.

In den Bergen. Der Sternenhimmel, den ich anblicke und der mich anblickt. Sommer 1964. Die Schönheit der Sterne, die ihr Rätsel verbirgt und entbirgt. Die Horizonte aufreißt. Da hätte und habe ich viel zu sagen. Nüchtern und trunken zugleich. Da war mehrfach eine unfassbar große und strahlende Venus am Abendhimmel, wie ich sie seit diesem Sommer 1964 niemals wieder gesehen habe. Der große Unendlichkeitsphilosoph Giordano Bruno war mir da ganz nahe.

Ich hatte erst angefangen, in seinen Schriften zu lesen.

Ich sah die Sterne einmal auch, ohne sie direkt zu sehen. Ich wohnte für Wochen auf einem Bauernhof in den Dolomiten. Plötzlich, in den frühen Morgenstunden, wirkte die Decke meiner Kammer, in der ich schlief, wie aufgeklappt, und ein blendender und betäubender Sternenhimmel zeigte sich, oder besser: brach jäh herein, wie eine gewaltige kosmische Vision. Es war eine Art Vision. Am Tage dann fühlte ich mich unabsehbar geweitet, groß in einer nicht der Messbarkeit unterliegenden Ausdehnung. Das habe ich später, im Sommer 1986, auch im Transhimalaya (Nepal, Tibet) erfahren. Doch anders im Grundton. Zurück in Berlin, wirkte das dann lange nach. Es veränderte mich.

Wir sind auch Raumwesen. „Weltraum ist Weltseele", sagt der große Naturphilosoph und Kosmologe Helmut Krause. Ein wunderbares Wort, kaum auslotbar. Ein Mantram vielleicht. Wenn sich das Tor zum Weltseelenraum einmal geöffnet hat, und sei es nur einen Spalt weit, ist es nicht wieder zu schließen. Irgendwie hat das auch mit dem Sommer der Seele zu tun. „Sommer der Seele"? Ist das mehr als eine blumige Metapher? Ich glaube schon. Das rührt an das Problem der Sprache. Wie weit reicht sie, was vermag sie oder eben nicht? Das lässt sich nicht zu Ende sinnen.

Das ruhige Währen, das Einverstandensein: Im Sommer kann es sich leichter entfalten. Einverstanden womit? Mit sich selbst zuerst. Das steht wohl am Anfang, aus dem alles andere folgt. Aus der Tiefe des Selbst-Seins entfaltet sich die Welt um uns herum.

Je tiefer wir uns selbst begreifen und ergreifen, um so welthaltiger werden wir. Damit wird das sattsam bekannte, aber doch so abgründige Ego überschritten und zugleich bewahrt.

Indem ich mein Ich in die Welt strömen lasse, steigere ich es und öffne es zugleich zum höheren, ja kosmischen Wir, ohne das es in sich und an sich selbst kollabiert. Das Ich ohne höheres Wir und Du ist pathologisch und wird zur Tonnenlast für den Einzelnen, die ihn erdrückt und ruiniert.

„In deiner Brust sind deines Schicksals Sterne", heißt es etwas pathetisch bei Schiller. Da scheint gleichwohl etwas erfasst und getroffen zu sein. Wir sind hier und zugleich draußen, eingekapselt sozusagen in uns selbst und zugleich strömend weltverbunden. In unaufhörlichem, lebendigem Wechselspiel. In jenem Sommer 1964 habe ich das zum ersten Mal erfahren und dann auch begriffen, was es heißt, kosmisch-geistig verbunden zu sein, nicht getrennt, kein seinsblindes Ich, das ja immer trostlos ist und vergeblich.

Als in der Mitte des Sommers Geborener war und ist für mich der Sommer – und gerade dessen Höhe und Mitte – immer auch eine Herausforderung, weil meine Geburt und die Spanne seitdem ins Spiel kommen. Das hat mit Besinnung auf das mir Wesenseigene zu tun, die am Tag der Geburt unabweisbar im Seelenraum steht. Die alten Fragen suchen dann stets nach neuen Antworten. Das ist auch sonst oft der Fall, aber die Tage um meinen Geburtstag herum, den ich oft auf Reisen verbringe, sind doch besonders aufgeladen, was gelegentlich auch schwierig sein kann, wie man begreifen wird. Ich grüble dann mehr, als mir guttut.

Der Sommer weitet die Seele – wenn nicht eine extreme Wetterlage vorliegt, die den Leib gefährdet –, aber er lenkt den Blick auch auf das Nahe und Kleine, das in der Sonnenfülle mehr als sonst erkennbar ist. Die Formensprache der Naturdinge ist nicht auszuschöpfen. Das Nahe und Kleine korrespondiert mit dem Fernen und Großen. Eines bedingt das andere, spiegelt sich im anderen, ja ist das andere.

Die Weite wird zur Nähe, und die Nähe wird weit, unermesslich, rätselhaft. Alles rückt gleichsam in das eigene Sein, aus dem es dann in die offene Weite hinausstrahlt, die uns umfängt und auch trägt.

Noch einmal: Der Mensch ist auch ein Weitewesen, aber das Nahe macht die Weite erträglich. Er braucht beides.

Es gibt Sommerstunden, die sich endlos dehnen, wie jeder weiß. Gelegentlich kann dann der Leib wie aufgelöst erscheinen, fast verschwunden im Flirren des Lichtes und der Luft. In einer Zen-Meditation im Freien während des Sommers bin ich mir einmal sozusagen abhandengekommen. Ich hatte das Gefühl, dass der sanfte Wind durch mich hindurchwehte, dass ich ihm keinen Widerstand bot, dass ich – als konturierte Selbstheit – verschwand, einfach verschwand, ganz unspektakulär, als könne es nicht anders sein. Und doch war es unbegreiflich, ein Rätsel, für das ich keine Erklärung hatte. Verschwinden, ohne zu verschwinden, Da-Sein und zugleich für die leibliche Selbstwahrnehmung „einfach mal weg sein" ... Ich habe es stets vermieden, hier eine Erklärung zu suchen oder das Ganze mystisch-spekulativ zu überhöhen. Wozu auch?

Der Sommer hat unzählige Gesichter und Facetten. Und doch gibt es etwas Durchtragendes, Elementares, den Einzelnen in Gänze Ergreifendes, dem sich der Mensch „im Normalfall" nicht entziehen kann und auch nicht will. Aber genau dieser Normalfall ist es, um den es geht, wenn man denn zulässt und zulassen kann, was innen und außen geschieht, wenn man sich einschwingt in den großen Atem, der den Sommer bestimmt. Was voraussetzt, dass nicht, wie meistens, hemmende Faktoren das Feld bestimmen, sodass bestimmte Grundwahrnehmungen gar nicht zur Geltung kommen können. Was ich hier schreibe, kann dann leicht als schöngeistiges und irgendwie unverbindliches oder quasipoetisches Gerede aufgenommen werden, das sich entbunden glaubt von der Not und Wirrsal des Alltäglichen. Ich erlaube mir trotzdem, hier einige philosophisch-meditative Überlegungen vorzutragen, jenseits des allenthalben herrschenden und monströs zelebrierten Irrsinns, der diese Erde fast flächendeckend im Griff hat, wie wir wissen.

„Das Schlimmste: / Nicht im Sommer sterben, / wenn alles hell ist / und die Erde für Spaten leicht", heißt es in einem Gedicht von Gottfried Benn. Warum eigentlich? Weil das Helle den Tod verdeckt, der doch überall herausbricht, unerbittlich, streng, der Ananke (= Notwendigkeit) folgend? Gibt es nicht auch eine Lichtfülle, die den Tod enthält, ja ihn geradezu einlädt?

Nicht nur der Frühling ist eine Herausforderung, wie ich früher schon geschrieben habe, auch der Sommer ist es, nur anders.

Das Pflanzenwerden und -weben des Frühlings in seiner drängenden, erwartungsvollen Spannung ist nun gleichsam und vorübergehend zum Seinszustand geworden. Die Formenvielfalt ruht mehr oder minder, verharrt in der Fülle, als hätte es nie etwas anderes gegeben.

Die Naturdinge sind bei sich selbst angekommen, und als solche wirken und strahlen sie. Bald, sehr bald überzogen von ersten Zeichen des Vergehens, die dann immer stärker werden.

Aber dieses Strahlen und Wirken hat eine eigene Seinsmacht, was viele auch spüren, in unterschiedlichen Graden, und was mit Sinn und höherer Ordnung verbunden ist. Sinn und höhere Ordnung im natürlichen Sein ganz aufzugeben, in der transhumanistischen Utopie eines technisch verschalteten Menschseins im Dienst des megatechnischen Pharaos, ist eine wirkungsstarke Ideologie heute, die fundamentalistische Züge trägt.

Da erscheint der Rückbezug auf das natürliche Sein geradezu verdächtig und wird mit negativen Begriffen belegt. Das tritt offen genug und häufig rabiat zutage und gehört zu den Kampffeldern, in die wir alle heute verstrickt sind. Ob wir es wollen oder nicht, werden wir hier zu Kombattanten. Natürliches Sein, gesteigert auch zum geistig-kosmischen Sein, versus technisches Sein als Ab- und Auflösung des eigentlichen Menschen als schöpferisches Ich-Wesen. Das sind die Frontlinien.

Die hier vorgetragene kleine Sommer-Meditation ist auch eine Art Bekenntnis, ein solches zum Lebendigen und seiner geistig-kosmischen Verankerung. Und diese „Konfession" unermüdlich vorzutragen fühle ich mich aufgerufen, auch wenn ich manchmal das Gefühl habe, der berühmte „Prediger in der Wüste" zu sein.

* * *

Die Wehmut der Todesnähe

Den Herbst habe ich einmal, in einem bislang unveröffent-lichten Text, als „eschatologische Jahreszeit" bezeichnet. Was heißt das? Eschatologie ist die Lehre von den sogenann-ten letzten Dingen und von der Endzeit, dem finalen Um-bruch der Menschheitsgeschichte, meist als Verheißung ver-standen, als Überwindung all dessen, was uns das Leben oft zur Qual macht, uns den schöpferischen Atem nimmt und uns erniedrigt und bösartig bedrängt.

Wenn jemand wie ich (Jahrgang 1944) den Herbst he-raufbeschwört, bietet es sich an, von dem berühmten „Herbst des Lebens" zu sprechen – den ich vielleicht schon hinter mir gelassen habe. Die „vielen Herbste" in der Ge-dichtzeile von Gottfried Benn, den ich mit 18/19 Jahren sehr verehrte – und heute immer noch schätze – , sind anders ge-meint, als ich dies in der Titelzeile anklingen lassen will. Es geht bei Benn um die Herbste, die „des Sommers Glücke richten", wie es wörtlich heißt, und alles hinwegfegen, was an echtem Glück und echter Freude, aber auch an eitler An-maßung und Selbstüberhebung den Menschen bewegt und erfüllt. Und dies in dem Wissen, dass all das nicht bleiben kann, ja darf!

So steigen einige Herbste meines Lebens vor mir auf wie aus dem „Brunnen der Vergangenheit", so Thomas Mann, heraufgeweht. Es sind Bilder des Vergangenen, die die Helle der Gegenwart jäh durchstrahlen, ihr sozusagen den Rang streitig machen. Das Alte – das ja ohnehin niemals wirklich vergangen ist und sein kann – überstrahlt oder übertönt das Jetzige, das sich so prall und dicht präsentiert, als sei alles

41

Gestern schlicht nicht vorhanden, was, wie jeder im Grunde weiß, ein Wahn ist.

Das vielleicht traurigste mir bekannte Herbstlied stammt aus Gustav Mahlers „Lied von der Erde" mit Text von Hans Bethge. Es trägt den Titel Der Einsame im Herbst und beginnt mit der schönen Zeile „Herbstnebel wallen bläulich übern See." Und gegen Ende heißt es: „Der Herbst in meinem Herzen währt zu lange ..." Man muss die Musik dazu hören. Ich will es mir ersparen, sie zu beschreiben; das kann ihr nicht gerecht werden.

Es gab große Trauerherbste in meinem Leben, die mir, wie im Lied, „zu lange" erschienen. Viel zu lange. Aber sie waren für mich stets auch eine Herausforderung, die zu bewältigen ich mir selbst abverlangte, auch wenn es nicht immer gelang. Aber schon das Bemühen wirkte lindernd und klärend.

Der Monat November „hat es in sich", wenn man sich ihm wirklich öffnet, wenn man sein Lied versteht, das Lied der Vergänglichkeit und der Todesnähe. Als wirkliches, melodisch erklingendes Lied verbirgt und entbirgt es zugleich den „Klang der Welt", den Klang der Ewigkeit gleichsam – und nicht nur „gleichsam" – und des geistig-kosmischen „Gemeint-Seins" als dem Gegenpol zu dem Tag für Tag in der herrschenden Intellektualkultur zelebrierten „Du-bist-nicht-gemeint-Universum". Diesen Irrsinn auszuhalten, ist im November schwieriger als in der Sonnenfülle des Sommers. Im November, so scheint es, haucht uns der als trostlos und leer imaginierte Weltraum besonders kalt an, auch wenn dieser eigentlich eine geradezu pathologische Fiktion darstellt, die aber weltweit geglaubt wird. Eigentlich rätselhaft. Und auch wieder nicht ...

Der Oktober ist häufig noch sozusagen „Altweibersommer", wenn sich nicht zu früh schon die kalte Pranke des Vorwinters zeigt. In der heutigen Situation kann diese kalte Pranke verheerende Auswirkungen haben, wie sich unschwer voraussehen lässt. Dafür gibt es klar zu benennende Verantwortliche. Auf den alten und eingeführten Begriff des „Altweibersommers" wird wahrscheinlich längst der Bannstrahl der ideologisch motivierten Sprachkorrektoren gefallen sein oder in Bälde fallen. Das nur am Rande erwähnt. Auf jeden Fall zeigt der Oktober-Herbst eine Farben- und Gestaltungsfülle von einzigartiger Pracht. Ein Fest gewissermaßen für Fotografen, Maler, Literaten und andere, wenn sie denn noch offen sind für derlei Phänomene der Natur und deren sublime Schönheit, ja Hoheit, die etwas Ehrfurchtgebietendes hat.

Es ist hier ähnlich wie beim Frühling: Der farbengesättigte Herbst überfordert viele Menschen, macht sie verlegen und hilflos, weil hier Tieferes anklingt als das rein Visuelle. Das natürliche Licht tritt in eine ganz eigene Konstellation und auch Intensität, gerade weil die Tage kürzer werden und im fortschreitenden Prozess des Herbstes wie abtauchen in das ohnehin allgegenwärtige Dunkel des Alls, in dem sich möglicherweise ein anderes und höheres Licht zeigt, ein inneres Licht. Wobei die Frage aufscheint, wie das sogenannte äußere Licht zum inneren steht, wenn solcherart Kategorien beim Licht überhaupt greifen.

Das Licht überhaupt ist ein abgrundtiefes Mysterium, was selbst die Physiker zugeben müssen, obwohl sie in öffentlichkeitswirksamen Auftritten oft den Eindruck erwecken, mit dem Weltgeist auf Du und Du zu stehen und ihm geradezu auf die Schulter zu klopfen.

Das Herbst-Oktoberlicht wirkt wie gefangen oder besser wie kunstvoll eingefügt in die Farbenfülle der kürzer werdenden Tage, bevor dann der November zunehmend das Zepter ergreift und die Farben verschwinden lässt. Die große Entblätterung setzt ein und rückt gnadenlos und unaufhaltbar voran. Ich spreche hier von „unseren Breiten", wie sich versteht. Dem muss man sich stellen. Das verändert die Seelenlage auf vielfältige Weise. Und das kann durchaus unheimliche und beängstigende Züge annehmen. Irgendwie werden wir beraubt; wir verlieren etwas. Die sich steigernde Zurücknahme der Lichtfülle kann wie eine Bedrohung wirken:

Die große Finsternis könnte uns alle verschlucken wie eines jener ominösen und nach meiner Überzeugung rein fiktiven Schwarzen Löcher. Das berühmte Foto eines Schwarzen Lochs, das seinerzeit Furore gemacht hat und wohl von den meisten für real gehalten wurde, ist mehr oder weniger eine Photoshop-ähnliche Konstruktion. Was wirklich gesehen wird, ist nicht seriös zu ermitteln.

Das Sichtbare verliert seine Kraft. Kann nun das Unsichtbare walten, das hinter und in allem wirkt und webt? Es könnte dies tun, aber meist geschieht es nicht, weil der moderne/postmoderne Mensch diese Seelenspannung schlecht aushält und sie eher flieht oder technisch-medial übertönt oder zudeckt.

Die Jahreszeiten überhaupt greifen machtvoll in unser Leben ein; es sind kosmische Rhythmen, denen wir nicht ausweichen können, auch wenn wir uns dagegen sträuben. Das ist wie mit dem Tod. Überhaupt spiegeln die Jahreszeiten auch das menschliche Los, die Unentrinnbarkeit natürlich-kosmischer Abläufe, die uns ergreifen und umbauen, uns umfassend fordern. Bis zum physischen Tod. Und wohl auch darüber hinaus. Zumindest gibt es dafür Indizien, die sich nicht in Gänze abweisen lassen.

Was macht der Herbst mit uns? Trägt er uns gütig weiter im Atem des großen Zyklus oder fordert er uns scharf heraus, lässt uns nicht los, zwingt uns geradezu, uns zu verwandeln? Wahrscheinlich ist beides der Fall.

Ist der Herbst eine eschatologische Jahreszeit? Davon war ja schon einleitend die Rede. Darauf will ich zurückkommen. Wir leben, so scheint es, in einer eschatologischen Zeit, in der sich – vielleicht, vielleicht – jene große Wende ankündigt, die wir sowohl ersehnen als auch fürchten, weil sie uns viel abverlangt. Eine epochale Umwälzung steht offenbar ins Haus. Oder ist das eine Phantasmagorie? Ein Wunschtraum vieler Menschen, wenn der Irrsinn flächendeckend tobt und kein Hoffnungsschimmer erkennbar ist innerhalb der herrschenden Koordinaten?

Diese selbst müssen zerbrechen und sich ganz neu konstellieren. Das sagt sich leicht, aber was bedeutet es wirklich und eigentlich, wenn wir uns nicht nur im Fantastischen und Utopischen tummeln wollen, während der uns tragende Boden zunehmend wegbricht? Wer oder was hält uns, wenn wir abzustürzen drohen? Die herrschenden Großideologien jedenfalls nicht, zu denen auch, oder eigentlich primär, die abstrakte Naturwissenschaft gehört, die die Deutungshoheit oder das Deutungsmonopol beansprucht, obwohl sie zu den eigentlich entscheidenden Fragen gar nichts beisteuern kann.

Anfang Oktober war ich an einem wunderbaren Ort in Berlin, an dem viele vorbeigehen. Jedenfalls trifft man dort vergleichsweise wenige Menschen. Zu viert erstiegen wir eine kleine Anhöhe, um schließlich an einen Aussichtspunkt zu gelangen, der uns den Blick auf eine Schneise, die zugleich eine Senke darstellt, im Südwesten des Hügels gestattete. Was wir sahen, waren vertraute und zugleich ferne und anmutige Landschaften, die sich in zarten Nebel getaucht aufspannten. Man fühlte sich irgendwie „ganz woanders", in einem seelisch-leiblichen Raum, der uns durchströmt und zugleich umgürtet.

Das frühherbstliche Licht eines Spätnachmittags manifestierte sich machtvoll und in blendender Fülle. Beglückend und rätselhaft. Und auch in dieser Form unerwartet. Nicht einzuhegen im Bewusstsein, etwas uns weit Übersteigendes, Gewaltiges, das tiefe – eigentlich eher hohe – Seelenschichten aufruft und in die Wahrnehmung rückt. Wie können wir vor diesem Hohen bestehen?

„Was bin ich denn gegen das All?", fragt Wilhelm Meister in Goethes berühmtem Roman beim erstmaligen und tief erschütterten Blick durch ein Fernrohr. Diese Frage kann sich auch an einem solchen Nachmittag und an einem solchen Ort herstellen. Sie ist eigentlich immer relevant und wohl unhintergehbar.

Wir stehen als Menschen, auch unbewusst, eigentlich fast immer im Wirkungsfeld dieser Frage. Können wir ihr ausweichen? Eigentlich nicht. Sie berührt die geistig-kosmische Existenz des Menschen, also das, was wir in der Tiefe sind oder, abgeschwächt, sein könnten oder vielleicht sollten, wenn es um so etwas wie „Sollen" überhaupt gehen kann.

Wenn sich „viele Herbste verdichten", wie Gottfried Benn sagt, kann sich manches herstellen, das sich zunächst verbirgt oder verborgen gehalten wird.

Es stellt sich schlicht Substanz her, Wesen, Sinn und Verantwortung für das, was zur Wesensnatur des Menschen gehört, wenn mich meine Wahrnehmung nicht täuscht. Aber das soll kein moralisches Postulat sein. Solche Postulate bringen in der Regel nichts. Es muss von innen aufbrechen, aus dem eigenen inneren Prozess heraus. Es geht nicht um Ideologie, um „Meinungen", die zur Debatte stehen und endlos öde diskutiert werden können.

Mit siebzehn, und im November, las ich den Roman November von Gustave Flaubert. Er beeindruckte mich tief, auch weil er das Erotische mit der Einsamkeit des „Jünglings" zusammenführte. Wohl zum ersten Mal in meinem Leben begriff ich etwas von der Kraft und Magie des Herbstes. Ich begriff den Eros und die Schönheit der Vergänglichkeit überhaupt. Das rätselhafte Aufscheinen dessen, was nicht bleibt und bleiben kann. Der Liebesverlust im Herbst ist grausam, aber heilsam, weil er so tief geht .Er fordert uns auf das Äußerste heraus. Der Herbst, tief empfunden, wird zum Bardo, zum „Zwischenzustand", wie ihn das tibetische Totenbuch, das Bardo Thödol, beschreibt. Und wachruft.

Der Herbst, wenn er sich dem Winter nähert, ist ein großer Weckruf oder Mahnruf, der auch die nach dem Verhältnis des Innen und des Außen enthält, das sich nicht rational ausloten lässt. Es bleibt ein Mysterium. Der kalte Rasterblick der Wissenschaft in der Intellektualkultur kennt nur das Außen. Der sogenannte moderne oder auch postmoderne Zeitgenosse ist mehrheitlich abgestürzt auf die Betondecke der puren Außenwelt. Dass ihn das langfristig ruiniert, ahnt er vielleicht, aber der kollektive Sog in diese Richtung erscheint irreversibel.

Der Imperialismus der weitgehend entseelten Außenwelt ist ein ungeheurer Machtfaktor; er gehört zu dem, was ich seit Jahrzehnten den „megatechnischen Pharao" nenne, den Großgötzen unserer Zeit, vor dem fast alle auf dem Bauch liegen, dem sie ständig Opfergaben darbieten und dem sie sich – freiwillig zumeist! – unterwerfen. Es ist wie bei den alten Phöniziern, nur „schicker" und „smarter" und suggestiver.

Doch nun zum Ende dieser kleinen Herbstgrübelei. Der Herbst, in den wir jetzt hineingehen, ist einerseits die alte und uns tief vertraute Jahreszeit, aber er zeigt zugleich, was sich schon ankündigt, auf geradezu tückische Weise politisch, machtförmig, dogmatisch und damit auch bedrohlich. Das rührt an das Eschatologische, um das noch einmal heraufzubeschwören, das als Verheißung dasteht, als Chance auch. Und „Gegenprogramm". „Die Krise als Chance": Das klingt fast trivial und irgendwie vernutzt. Aber es liegt etwas darin, was diese Vernutzung übersteigt. Und das ahnen viele. Und darum geht es.

Haben wir noch eine Chance, oder sind wir verloren? Ein harter Ritt steht uns vielleicht bevor. Aber es besteht kein Grund zur Resignation. Zur Kapitulation ohnehin nicht. Jeder Wahn zerstiebt irgendwann, und dann wird deutlich, dass wir genau das immer gewusst haben. Wir erinnern uns daran. Im Herbst begreifen wir einmal mehr: Es ist alles auch Erinnerung, Anamnesis als Erkenntnisweg, wie Platon sagt.

* * *

Eine epochale Winterreise

Das Wintersternbild schlechthin ist der Orion. Das einzige Sternbild, das ich als Kind, neben dem Großen Wagen, kannte. Es beeindruckte mich. Auf Bali, im Oktober 1995, sah ich es liegend am Horizont, was seltsam wirkte, fremdartig. Der Orion ist gelegentlich von betäubender Präsenz, ja Dominanz.

Die herrschende Kosmologie sieht in den Sternbildern zufällige Konfigurationen von Lichtpunkten, die als Sterne bezeichnet werden. Eine eher schwache These. Was sind diese Sterne? Was sehen wir, wenn wir das nächtliche Firmament betrachten? Blicken wir in eine lebendige Sphäre, was ich annehme, oder in eine monströse Himmelswüste, bar jeden Sinns, bar jeden Zusammenhangs mit dem Schicksal der Erdendinge, was in der herrschenden Kosmologie behauptet wird.

Der bekannteste und wohl anspruchsvollste Liederzyklus der Musikgeschichte. Wovon erzählt der Text? Er erzählt die Geschichte eines jungen Mannes, den es ziellos und verzweifelt in eine tief verschneite Winterlandschaft hinaustreibt, weil er das Mädchen, das er liebt, verloren beziehungsweise nie wirklich „gehabt" hat. So stürzt er sich in die eisige Einsamkeit und schließlich in eine Art Wahnsinn und Selbstmordnähe. Wilhelm Müller hat den Text geschrieben, Franz Schubert die einzigartige Musik dazu komponiert. Ohne Schubert wäre diese Poesie wahrscheinlich ohne Wirkung geblieben.

Warum ist dieser Liederzyklus so populär? Weil er ein Geschehen zum Ausdruck bringt, das grundsätzlichen oder archetypischen Charakter trägt, der auch das Epochale umspannt. Der unsere Epoche besingt, erfasst, auf den Punkt bringt. „Der epochale Winter", so heißt ein Buch des Schweizer Psychiaters Hans-Peter Padrutt, das unsere Zeit entlang der Winterreise Schuberts zu deuten versucht. Das war lange vor Corona, erfuhr aber seitdem eine gesteigerte Aktualität. Die Winterreise ist noch nicht zu Ende. Wann sie das sein wird, wissen wir nicht.

Wahnsinn und Tod müssen nicht das letzte Wort sein angesichts der Weltkrise, mit der wir uns konfrontiert sehen. Wir können ihr nicht ausweichen. Sie ist allgegenwärtig, durchdringt uns, und zwar wesentlich stärker, als die meisten von uns wohl sich eingestehen wollen oder können.

Wir sind zu Reisenden geworden, aufgebrochen in eine ungewisse Winterlandschaft, eine Welt der Kälte und der Isolation, der empfundenen Sinnlosigkeit allenthalben. Wo ist der Ausweg? Was müssten wir tun, um ihn zumindest vorzubereiten?

Wenn ich an den politischen Winter denke, etwa 2020/2021, fallen mir düstere Bilder ein, so etwa ein Trupp von Polizisten, der herbeistürmt, um eine Gruppe von rodelnden Kindern aufzulösen. Das hatte etwas Groteskes und Gespenstisches. Viele fanden das richtig und „normal". Andere – so auch ich – waren eher geschockt und angeekelt, wie die Staatsmacht sich hier, wie auch sonst oft, brutal und dumpf zelebrierte.

Das berühmte Gedicht „Vereinsamt" von Nietzsche aus dem Jahr 1887 schlägt ähnliche Saiten an wie die Winterreise. Nur die Musik fehlt. Hier heißt es in den Strophen eins, drei und vier von insgesamt sechs:

„Die Krähen schrein –
Und ziehen schwirren Flugs zur Stadt.
Bald wird es schnein –
Wohl dem, der jetzt noch – Heimat hat.
(...)

Die Welt – ein Tor
Zu tausend Wüsten stumm und kalt!
Wer das verlor,
was du verlorst, macht nirgends Halt.

Nun stehst du bleich,
Zur Winter-Wanderschaft verflucht,
Dem Rauche gleich,
Der stets nach kältern Himmeln sucht."

Auch damit ist unsere epochale Situation umschrieben. Zumindest als ein mögliches Szenario, das bedrohlich naherückt. Die Winterkälte dieser Zeit steckt uns allen in den Gliedern. Es sei denn, wir panzern uns dagegen ab und lassen das Ganze unberührt vorbeiziehen. Das setzt eine Distanz voraus, die nur Wenigen zu Gebote steht und auch gar nicht wünschenswert ist.

Die „tausend Wüsten stumm und kalt" sind wohl im Kern Konstruktionen eines pervertierten Verstandes, der sich als alternativlos geriert und sich in den Mantel der Wissenschaft hüllt. Die größte Illusion der vielen Verirrungen des Verstandes ist die „Himmelswüste", der öde und leere Weltraum, der den Menschen zum Outcast macht, zum neurotischen Gespenst, das in die tote Nacht „da oben" hinausruft, aber keine Antwort erhält. „Ist jemand da?" Es gibt intelligentere Fragen.

Dass der Winter, als irdische Jahreszeit, auch das Leben bedrohliche Züge annehmen kann, ist eine elementare Erfahrung, die literarisch großartig gefasst wurde in dem Schneekapitel von Thomas Manns Zauberberg-Roman, um nur ein Beispiel zu nennen. Hier verirrt sich der Held oder Anti-Held Hans Castorp in dichtem Schneegestöber ; er verliert jede Orientierung. Schließlich, in äußerster Erschöpfung, steigen seltsame Visionen in ihm auf in der unheimlichen und zugleich suggestiv-lockenden Todesnähe. Schließlich ermannt er sich. Als es endlich aufklart und das Schneetreiben endet, gelingt ihm der Weg zurück ins Dorf.

Der Winter ist der Gegenpol zum Sommer. Vielleicht, wenn ein heiteres Apercu gestattet ist, gibt es nur diese beiden klar konturierten Jahreszeiten. Frühling und Herbst sind „Zwischenzeiten", unbestimmt und werdend beziehungsweise vergehend, in die eine oder in die andere Richtung. Der Sommer und der Winter in unseren Breiten sind Riesen, die sozusagen mit festen Schultern im Sein stehen. Im Hier und im Jetzt, schwer umzustoßen, behaupten sie das Feld, trotz der Anflutungen, die das Feste gefährden und schließlich ganz auflösen. Der Frühling ist nicht aufzuhalten und der Herbst auch nicht. Es geht immer weiter, immer weiter. Oder doch nicht?

Mit philosophisch getönten Winter-Erinnerungen kann man sich vielleicht der ganz eigenen Majestät und dem Mysterium dieser Jahreszeit nähern, wenn sie sich denn entfalten kann ohne brutale und lebensfeindliche Eingriffe im Rahmen der dominierenden Megatechnik. Vom Wintersternbild Orion war schon die Rede. Irgendwie sah ich in ihm als Kind eine lebendige Seinsgröße, ohne dies näher bestimmen und fassen zu können.

Heute, seit langem schon, ist mir der Orion ein Signum kosmischen Lebens, an dem ich mich aufrichten kann. Orion und Sirius, den Zentralstern des Großen Hundes, im Blick, fühle ich mich zugleich rätselhaft angeblickt von dort. Lebendiges trifft auf Lebendiges. Das hat weder etwas zu tun mit der herkömmlichen Astrologie noch mit der sogenannten modernen Kosmologie und ihren Projektionen, die als Realität vorgeführt und beklatscht werden.

Den wirklichen und sozusagen immer gemeinten Winter in seiner Schönheit habe ich stets geliebt, wobei mir die ihm zugleich inhärente Gefährlichkeit nicht entging. Beides gehört zusammen. Schon kleine Mengen oder dünne Lagen von Schnee haben einen verzaubernden Effekt. Selbst triviale Artefakte scheinen dann plötzlich zu leben. Dieser Anmutungen bedient sich auch die gesamte Kitsch-Industrie und verhunzt sie dadurch. Wir leben ohnehin in der Epoche der großen Verhunzung. Nur Weniges bleibt davon verschont.

Zu den eindringlichsten Wintererlebnissen meines Lebens gehört ein Spaziergang mit dem Philosophen Helmut Friedrich Krause im Dezember 1964. Als wir uns auf der Rückkehr seiner Wohnung näherten, setzte ein heftiger Schneefall ein, der uns binnen kurzem vollständig zuschneite. In unserem Gespräch ging es um die wahrlich abgründige Frage nach der Unsterblichkeit im geistig-kosmischen Zusammenhang. Der Ausgangspunkt waren Verse des altgriechischen Dichters Pindar, die so etwas wie eine mythische Unsterblichkeit heraufbeschwören. Schneeflocken tanzten um matt schimmernde Laternen. Alles wirkte wie gedämpft. Wie ein Schweigen, das sich ausbreitete und uns gänzlich umhüllte. Die gesprochenen Worte bekamen eine ganz eigene Aura.

Darin zwei Philosophen. Der eine 60-jährig, der andere 40 Jahre jünger, ein Philosoph im Entstehen sozusagen. Erst mit 30 wagte ich es vorsichtig, mich einen Philosophen zu nennen. Schneezauber und Unsterblichkeit. Mir unvergesslich. Die Szene hatte etwas Literarisches, vielleicht sogar Filmisches. Eine Art Zauberberg-Episode.

Ein Jahr vor diesem Spaziergang, den philosophisch-menschlichen Kontakt mit Helmut Krause gab es erst später, lief ich lange allein, unruhig und aufgewühlt durch verschneite Straßen, die mir fremd erschienen. Ich fühlte mich einsam, immer auf der Suche und wie getrieben. Ich las viel Nietzsche und Gottfried Benn, aber beide konnten mir existenziell nicht helfen. Wie auch? Auch diese spätabendliche Wanderschaft hatte etwas Literarisches. Sie schlug sich dann in einer Prosaskizze nieder, die das innerlich Durchlebte in Form zu bringen versuchte, was mir nur unzulänglich gelang. Schuberts Winterreise lernte ich erst später kennen, obwohl ich sie unbewusst durchlebte.

Beim Blick auf den kommenden Winter 2022/23 kommen mir eher düstere Gedanken hoch. Das herrschende Polittheater wirkt wie surreal. Die führenden Akteure wirken irgendwie grotesk und zugleich dämonisch. Empörung dagegen und Widerstandgeist regen sich in jeder „menschlich fühlenden Brust" jenseits der durch Corona, Klimahysterie, Krieg und faktischen Nihilismus herrschenden Verdumpfung und Verblödung.

Zorn ballt sich in mir. Wer bestimmt hier über uns? Können wir uns das gefallen lassen? Sind wir denn ohnmächtig? Das glaube ich eigentlich nicht, habe ich nie geglaubt. Die schärfste Waffe, die uns zur Verfügung steht, ist zunächst einmal der Geist und die ihm innewohnende Erkenntnisfähigkeit, das eigene, kompromisslose Denken, das auch ein Fühlen und Wahrnehmen ist. Der Mensch hat das Potenzial, ein erkennendes Wesen zu sein. Oder ist das bereits zu idealistisch gedacht? Das ist möglich, aber welche Alternative dazu gäbe es denn? Denken ist eine lebendige und schöpferische Kraft, wenn es sich nicht in blödsinnigen Sophismen erschöpft oder in blindem Kotau vor den Mächtigen in Wissenschaft und Politik.

Manchmal denke ich, obwohl das zynisch klingt, dass viele Erdlinge fast jedem Irrsinn verfallen, wenn der nur raffiniert genug vorgetragen wird. Und oft muss dieser Wahnsinn nicht einmal geschickt verpackt daherkommen. Auch der unverhüllt und direkt vorgetragene Wahnsinn reicht nicht selten aus, das eigene Denken zu vernebeln oder ganz auszuklinken. An aktuellen Beispielen dafür ist kein Mangel.

Im dem legendären Winter 1978/79, der Schneeberge auftürmte und Züge zum Stillstand brachte, flog ich, einer Einladung folgend, von Berlin nach Hamburg.

Das war damals, sagen wir vorsichtig, nicht einfach, denn Start- und Landepisten auf den Flughäfen und auch die Flugzeuge selbst waren tief verschneit. Ich weiß noch, dass es lange dauerte, bis wir, vom Schnee befreit, schließlich abfliegen konnten. Auf dem Flug selbst blieb ein ambivalentes Gefühl: Einerseits die Befürchtung, die Maschine, der wir uns anvertrauten, könne denn doch durch die extreme Wetterlage Schaden nehmen und uns gefährden. Andererseits war da das irgendwie blinde Vertrauen in die berühmte Macht der Technik. Mit meinem Nachbarn im Flugzeug unterhielt ich mich über diesen kaum auflösbaren Zwiespalt. Er stimmte mir im Wesentlichen zu. Ich kam gut an in Hamburg und war erleichtert, aber auch beklommen.

Die Meteorologen übrigens fabulierten damals von einer zweiten Eiszeit. Die Medien griffen das Thema gierig auf. Wen wundert's? Die Gier ist heute auf anderes gerichtet.

Und was das Frieren angeht, von dem jetzt so viel gesprochen wird, so erinnere ich mich an eine Phase im kalten und schneereichen Winter 1987/88, als die Heizung in meiner Wohnung ausfiel. Mit allen möglichen Tricks, die ich hier aus naheliegenden Gründen nicht aktualisieren will, stand ich diese Tage durch. Das war damals noch ideologiefrei. Heute kann jeder Schwachsinn zur Ideologie werden.

Die weitgehend schneelosen, nasskalten Winter häufen sich. Da bleibt dann auch die Verzauberung fern. Alles bleibt so öde, wie es viele Menschen empfinden, wenn sie auf sich zurückgeworfen sind und sich nicht betäuben lassen wollen durch irgendwelche Events oder Wahnideen.

In Berlin herrschte damals, „in those days" – bis wann eigentlich? –, von Mitte Januar bis Mitte März meist schneereicher Winter, eher selten schon im Dezember. Darauf konnte man sich verlassen. Gefroren habe ich oft, in der Nachkriegskindheit und als Student in einem Dachzimmer, das im Sommer glutheiß und im Winter bedrohlich kalt war. Ich war immer beschäftigt. Das heizte mich sozusagen auf und half mir dadurch. Die Philosophie, die diesen Namen verdient – und da fallen viele „Philosophen" durchs Raster –, trug mich durch alles hindurch, erfüllte und faszinierte mich, wie die große Musik. „Ohne Musik ist das Leben ein Irrtum", sagt Nietzsche. Und ohne echte Philosophie auch. Und auch ohne Liebe, ergänze ich hier wie im Vorübergehen ...

Im Winter 1967/68 etwa las ich zum ersten Mal Schopenhauer. Wahrscheinlich war es ein damals normaler Winter. Was mich erfüllte, waren Philosophie und Musik. Ich nahm Schopenhauer auf in die Reihe der Denker, die mich bewegten und beeinflussten: Heraklit, Giordano Bruno, Schelling, Goethe, Nietzsche, Helmut Krause ...

Was folgt auf die Winterreise, auch als epochale Phase verstanden? Von Wahnsinn und Tod kündet der Text. Die Musik hat beides hinter sich gelassen. Die Musik Schuberts gipfelte damals nicht in einem Lied oder in einer Sinfonie, sondern in einem Streichquintett, das viele seiner Bewunderer für das größte Kammermusikwerk überhaupt halten. Folgt also auf die Winterreise der Klangzauber des Streichquintetts? Was wäre das in epochaler Hinsicht? Das wäre der große Umschlag, die große Erfüllung, das überwältigende Ja geistig-kosmischer Erfüllung, von der im Vorgriff zu reden eigentlich unmöglich ist. Und darum soll es hier nicht geschehen.

Wie steht das Streichquintett zum Orion, zum kosmischen Leben überhaupt? Der epochale Winter wird nicht das letzte Wort der Geschichte dieser Erdlinge sein. Doch die Zukunft kann nicht abgegriffen werden; sie verbleibt im Dämmerlicht einer noch unerfüllten Verheißung ...

* * *

Erkenntnis
und
Wissenschaft

Der neu gefundene
Glanz der Dinge

Nicht erst in der Coronakrise wurde erkennbar, dass Wissenschaft zunehmend religiöse Züge gewann und sich zugleich dogmatisch verfestigte. Es wurde ein gelegentlich grotesk anmutender Wissenschaftskult betrieben, der wie eine Monstranz zur Schau gestellt wurde.

Im Ansatz gab es das schon früher, eigentlich seit der Etablierung der abstrakten Naturwissenschaft im 17. Jahrhundert. Aber der Coronawahnsinn hat das dann getoppt und zugleich entlarvt. Es ging zunehmend weniger um Wissenschaft im klassischen Sinn, sondern eher um staatshörigen Kotau, also um Ideologie und Dogma.

Auch kluge Kritiker der Coronamaßnahmen taten sich erkennbar schwer damit, den Fetischcharakter der Wissenschaft – meist als Naturwissenschaft verstanden – zu durchschauen. Die Wissenschaft selbst blieb der glitzernde Götze, dem fast alle dienten und den fast alle bewunderten. Hier ernsthafte Zweifel anzumelden, war kaum möglich beziehungsweise wurde für mehr oder weniger abwegig gehalten. Wer ernsthaft an die ideologische Kernsubstanz der Wissenschaft rührte oder diese in Frage stellte, sah sich schnell mit trüben Verdächtigungen konfrontiert. Ein eisiger Wind schlug dem entgegen, der den Großgötzen zu demontieren versuchte.

Das alles sind bekannte Dinge; diese noch einmal verschärft ins Bewusstsein zu ziehen, ist gleichwohl sinnvoll. Und zwar deswegen, weil der Zeitgenosse in der herrschenden Intellektualkultur sich hier auf sicherem Boden wähnt, den er nicht verlassen will und kann. Wenn es um wirkliche Erkenntnis der Welt geht, dann, so meint man, sei nur die Wissenschaft in ihrer mathematisch-abstrakten Potenz in der Lage, solide und verifizierbare Aussagen zu machen. Alles andere gilt als unseriös und spekulativ und gerät schnell in den Ruch der Spinnerei und des Sektierertums.

Was ist überhaupt Wissenschaft, die diesen Namen verdient? Lässt sich das in begrifflicher Schärfe fassen und bestimmen? Und: Welcher Voraussetzungen und Prämissen bedarf es, damit ein forschendes Bemühen als wissenschaftlich gelten kann? Wichtig ist erst einmal, dass es überhaupt derartige Prämissen gibt, dass Wissenschaft also nicht voraussetzungslos dasteht. Diese Prämissen legen bestimmte Leitbahnen fest, die dann auch das jeweils erreichte Ergebnis beeinflussen. Wer diese Prämissen nicht akzeptiert oder andere setzt, kommt zu anderen Resultaten.

Wissenschaft ist ein Verfahren, über eine primär rationale und reproduzierbare Zugangsweise und am Leitfaden von Mathematik und Experiment gesicherte Naturerkenntnis zu erlangen. Die so gefundenen Ergebnisse gelten als solide und fundierte Erkenntnisse, bei denen es nicht um so etwas wie letzte Wahrheit im metaphysischen Sinne geht, sondern um meist abstrakt formulierte Annahmen über die reduktionistisch zurechtgestutzte Außenwelt ohne Innenwelt. Der wissenschaftliche Zugang ist subjektblind. Mit dem Leben hat er nichts zu tun.

Letztlich geht es um die ja abgründige Frage: Was ist Wirklichkeit? Denn diese muss stets vorausgesetzt werden. Ohne diesen großen Wirklichkeitsrahmen geht es nicht. Was wird diesem Sammelbegriff zugeordnet und – wichtig – was eben nicht? So wird also nicht jedes Phänomen als sozusagen wissenschaftswürdig erachtet. Warum eigentlich? Weil man von vornherein davon ausgeht, dass bestimmte Phänomene gar nicht als real gelten, auch wenn sie von vielen Menschen aus ihren Erfahrungen und Erlebnissen heraus so bewertet werden.

Dafür ein Beispiel. 1997 habe ich in der Berliner Urania einen Vortrag gehalten mit dem Titel „Wiedergeburt als wissenschaftliche Hypothese?" Dieser Vortrag war gut besucht und hat viele bewegt. Da ich als „seriöser Vortragender" in der Urania schon etabliert war, konnte ich es mir leisten beziehungsweise den Versuch wagen, dieses heikle Thema direkt anzusprechen. (Der Vortrag ist als Audiomitschnitt vorhanden und auf meinem Kanal aufzurufen.) In der Fragestellung setzte ich – implizit – voraus, dass es so etwas wie Reinkarnation tatsächlich geben könnte. Diese Prämisse wurde von der Urania-Leitung akzeptiert, also für wissenschaftswürdig erachtet. Also nicht als esoterischer Unsinn schon im Vorfeld abgetan, was man ja auch hätte tun können. Aber es geschah nicht. Was nicht heißt, dass Reinkarnation nun grundsätzlich zum wissenschaftswürdigen Thema erhoben wurde. Mein Beispiel war eher eine Ausnahme. Klar, dass ich nicht in der Lage war und das auch niemand von mir erwartet hatte, Wiedergeburt nun letztgültig als real beziehungsweise als windige Hypothese zu erweisen. Es blieb in der Schwebe. Mehr war nicht drin.

Ganz anders war die Situation im Frühjahr 2000. Die Physiker hatten das Jahr als „Jahr der Physik" ausgerufen und wollten es gebührend feiern. Da bot sich die Urania an. Frohgemut zelebrierte man dann den berühmten Urknall als eine Art Happening mit als hochkarätig beworbenen Rednern auf dem Podium. Ranga Yogeshwar wirkte als Moderator. Die Veranstalter gingen von vornherein davon aus, dass es so etwas wie den Urknall tatsächlich gegeben hat. Kein kritisches oder irgendwie skeptisches Wort war im Vorfeld zu hören.

Ich war nicht als Urknall-Skeptiker auf das Podium eingeladen worden; davon wussten die Veranstalter nichts, sondern als ein Philosoph, der sich auch mit physikalischen Themen befasst und durch einige Artikel in Zeitschriften bekannt geworden war. Als ich, dazu aufgefordert, das Wort ergriff, etikettierte ich mich selbst, halb ironisch, als Agent Provocateur. Die Podiumsrunde wirkte etwas irritiert, auch der Moderator schien es zu sein, obwohl er sich relativ schnell wieder ins Gleis brachte. Doch der Sinn der ganzen Veranstaltung, also das selbstbewusste Zelebrieren des Urknalls zum „Jahr der Physik", war nun dahin.

Die Veranstaltung als ganze war mitgeschnitten worden. Als ich den Mitschnitt, Jahre später, auf meinem Kanal bringen wollte, wurde mir dies untersagt. Eine Begründung dafür wurde nicht gegeben. Man ahnt, warum dies geschah ...

Der Urknall galt und gilt offiziell als wissenschaftswürdiges Sujet, was ich nie akzeptiert habe. Ich bin da gründlich anderer Meinung. Für mich war und ist diese populäre Vorstellung eine quasi religiöse Idee, im Grunde eine Fiktion, die per se gar nicht bewiesen werden kann, weil die Voraussetzungen dafür nicht gegeben sind.

Das führt auf eine wichtige Unterscheidung, die meistens unbeachtet bleibt, weil sich die meisten Astrophysiker und Astronomen nicht mit erkenntnistheoretischen Faktoren befassen, die differenziertes Denken erfordern, das die Mathematik übersteigt.

Man kann vielleicht formelhaft sagen: Wer denkt, rechnet nicht, und wer rechnet, denkt nicht.

Man kann das anzweifeln, aber das hierin gegebene Problem wird dadurch nicht gelöst, noch nicht einmal adäquat beschrieben.

Es gibt, idealtypisch gesprochen, drei Arten von Naturwissenschaft: Durchgängig oder überwiegend empirische, also auf Erfahrung beruhende Wissenschaft. Und dann auf Hypothesen aufbauende Wissenschaft, also eine solche, die ohne erkenntnisleitende Prinzipien jenseits der puren Empirie nicht auskommt, die als Arbeitshypothesen gelten, also als Annahmen, die allem Forschen und Suchen vorausgehen und zu mehr oder weniger guten Näherungen führen.

Schließlich gibt es, als dritte Rubrik, eine rein fiktive Naturwissenschaft, die die Dunkelstellen der eigenen Weltbetrachtung mit fiktiven Größen füllt, die unbeweisbar sind. Sie sind, entgegen dem, was gemeinhin behauptet wird, der größte Teil der naturwissenschaftlichen Forschung. Natürlich gibt es auch Mischformen. Aber der Hauptakzent ist meist klar erkennbar.

Bei all dem muss stets die Basisfrage berücksichtigt werden, die auf die Erkenntnismöglichkeiten überhaupt abzielt und die sich wie folgt begrifflich bestimmen lässt: Ist die Welt in Gänze rational erkennbar oder auch nur zuverlässig beschreibbar?

Die Frage lässt sich ohne großen Scharfsinn verneinen. Sowohl der Raum als auch die Zeit, als auch das Bewusstsein, als auch der Wurzelgrund der Materie, die Gravitation oder die kosmische Bewegung und vieles mehr sind intellektuelle Abgründe und Sphinxe, die den menschlichen Geist heillos überfordern.

So leben wir in einem unfassbaren System von Mysterien und Rätseln, das den so kühn voranschreitenden Intellekt in den Abgrund des Nicht-Wissens reißt.

Wir leben in Mysterien, wir sind selbst ein Mysterium. Wissenschaftlich ist da nichts zu holen, was wirklich substanziell ist, nur aus einer anderen Tiefe heraus, die das eigene Bewusstsein mit dem kosmischen Bewusstsein verschmilzt und verschränkt, wäre es möglich.

Ich möchte noch einmal auf die Prämissen zurückkommen. Ohne diese Prämissen ist höheres Denken und Forschen unmöglich. Prämissen haben auch einen wertesetzenden Charakter. Ich kann die Prämisse setzen, dass wir in einem rundum lebendigen, bewusstseinserfüllten, unendlichen und von unzähligen bewohnten Gestirnen erfüllten Universum leben. Von dieser Prämisse aus leuchtet und funkelt gleichsam die Weltwahrnehmung. Alles strahlt dann vibrierende Lebendigkeit aus.

Wir sind lebendig als integrale Teile und „Mit-Akteure" des lebendigen Kosmos, der uns nie entlässt, sondern immer umschließt, hält, durchströmt, durchatmet und durchklingt. Wir sind in der letzten Tiefe kosmische (geistig-kosmische) Wesen, die nur hierin ihre menschliche Würde gewinnen können. Die Kümmerform des Menschen, die uns gewöhnlich serviert wird, noch dazu im Bezugssystem einer durch und durch nihilistischen Geistigkeit, ist absurd und desaströs.

Wenn der Mensch sich darin erschöpfte, wären wir auf ewig eingesperrt in eine unentrinnbare Farce oder Posse. In das Irrenhaus einer sinnlosen, freudlosen und im Grunde dämonischen Welt. Diese Welt gibt es nicht, hat es nie gegeben, wird es nie geben.

Sie ist eine Phantasmagorie eines durch und durch pervertierten und kranken Geistes, der uns bedroht und fast in den Irrsinn treibt. So sieht die Welt nicht aus. So nicht, liebe Leser und Leserinnen. Und das wissen Sie auch in der Tiefe Ihres lebendigen Seins, was immer „die Wissenschaft" dazu sagt.

Die abstrakte Naturwissenschaft ist nach wie vor die eigentliche Grund- und Leitwissenschaft unserer Intellektualkultur, ohne die gar nichts läuft und die alles durchdringt. Da sie, vor allem in technischer Hinsicht, durchaus erfolgreich daherkommt, liegen unzählige Menschen vor ihr auf dem Bauch und beten sie an.

Sie ahnen nicht, dass sie ihre eigenen Projektionen anbeten, ja vergötzen. Und sie ahnen nicht, dass diese Projektionen ruinös sind, dass sie in eine Sackgasse führen, dass sie langfristig schlicht mörderisch sind. Sie töten uns. Alles Schöpferisch-Lebendige verdampft, wenn es vom giftigen Atem dieser Wahnideen getroffen wird.

Viele Zeitgenossen halten sich für aufgeklärt und kritisch. Sie geben sich selbstbewusst und glauben zu wissen, was es auf sich hat mit dieser Welt. In weitgehend naivem Realismus – „Was ich sehe, ist wahr" – haben sie eine künstliche Welt aufgebaut und technisch perfektioniert, die jedweden Zaubers entbehrt, die öde und leer ist, trostlos und trügerisch. Umgürtet vom Tod, der überall lauert. Die Corona-Jahre haben die Todesangst zum Äußersten getrieben. Die Corona-Regime waren unermüdlich dabei, diese Angst zu füttern und politisch zu missbrauchen.

Auch der Transhumanismus zehrt von dieser Angst. Und das ist auch die Angst vor den eigenen (wahnhaften) Projektionen, denen man nicht entkommen kann, denen man ausgeliefert ist in der rundum zermalmenden Wucht auf dem Grunde der Seele, die Angst und Schrecken verursacht.

Nun kann man natürlich sagen: Wenn wir den vermeintlich sicheren Boden der abendländischen Rationalität verlassen, der ja unsere Intellektualkultur maßgebend bestimmt – wo landet man dann? Wohin trägt es uns dann? Treiben wir dann nicht im Richtungslosen und Ungewissen?

Deswegen hat Wissenschaft einen so hohen Stellenwert. Man glaubt sich hier auf sicherem Boden, um das noch einmal zu sagen. Dem des Wissens. Was Menschen glauben und meinen, tritt dem gegenüber in den Hintergrund, ja wird zunächst einmal irrelevant. Dieses Wissen ist zum großen Teil nicht existenziell oder im menschlichen Erfahrungskreis beheimatet, sondern dort, wo das kalte Reich der Mathematik und der Abstraktion zu finden ist.

Galileo Galilei war der erste Forscher, der die lebendige Wirklichkeit in ihrer Komplexität in Gänze ignorierte und stattdessen ein Geisterreich errichtete, das den machtförmigen Zugang zur Welt ermöglicht und ohne das Leben auskommt. Die Wirklichkeit wird mathematisch beschrieben, niemals erklärt und aus einer kausalen Lebendigkeit heraus abgeleitet.

Was zählt und wirkt, ist das leblose Objekt, das ausgedehnte Ding, das kein Innen kennt, also schlicht tot ist und auch so betrachtet wird. Wer die Welt so sieht, wird früher oder später im Nihilismus landen und erdrückt werden von seinen eigenen Projektionen, die einen eisernen Ring um uns bilden, den wir ständig füttern mit unseren lebendigen Energien. Würden wir diese Energien hier abziehen, würde das ganze monströs aufgeschichtete Gebäude wie ein Kartenhaus zusammenfallen.

Nur seelisch-geistig und im tiefsten Wortsinn leiblich ist diese Welt zu erschließen. Dann würden wir begreifen, dass wir als lebendige Wesen aus einer rundum lebendigen Welt hervorgegangen und von dieser auch in jeder Sekunde abhängig sind. Eine Welt ohne Leben und Bewusstsein ist ein Wahn. Und die herrschende Naturwissenschaft dient diesem Wahn. Dass man die uns umgebenden Phänomene – und uns selbst – gründlich anders betrachten kann, habe ich seit Jahrzehnten versucht der Öffentlichkeit zu beweisen. Und einen gewissen Erfolg kann ich durchaus für mich verbuchen. Kaum mehr als der berühmte Tropfen auf den heißen Stein allerdings. Aber erste Schritte sind gegangen worden ... Wer sich dem Thema nähert, muss nicht bei null anfangen.

Ein wesentliches Manko der herrschenden Sicht auf das Universum besteht darin, dass sich die Matadore der Astrophysik und Astronomie mehr oder weniger für den Gipfel der irdischen Intelligenz halten und gleichzeitig an wenig intelligenten Prämissen festhalten, die sich längst als Fiktionen herausgestellt haben.

Zunächst der methodische Atheismus, der davon ausgeht, dass in irgendeinem Sinne göttliche Wirkfaktoren nicht existieren beziehungsweise keine Rolle spielen dürfen, zum Beispiel als Prinzipien der Erklärung. Dann der methodische Nihilismus, also die grundsätzliche Verneinung der tiefer verankerten Sinndimension des Kosmos. Nach dem Motto: Diesen Sinn gibt es nicht, darf es nicht geben. Drittens der methodische Geozentrismus, der schlicht besagt: Alles muss „dort", in den Weiten des Alls, genauso sein beziehungsweise genauso aussehen wie hier auf der Erdoberfläche, abzüglich des hier vorhandenen Lebens (merkwürdige Inkonsequenz).

Damit wird eine letztlich geheimnislose Ödnis unterstellt, die alles auf das Tote reduziert. Fünftens: Wir sind immer die ins All Blickenden: Dass wir unsererseits auch Angeblickte sind oder sein können, wird rigoros verneint. Sechstens: Die methodische Monotonie und Ideenlosigkeit.

Das heißt: Alles wird irgendwie banal oder trivial. Siebentens: Licht wird von glühenden Gaskugeln abgestrahlt. Damit werden subtilere Ansätze zur Erklärung und Ableitung des kosmischen Lichts ausgeschaltet, etwa die über ineinandergreifende Raumenergiefelder, die erst im Gegeneinanderwirken das kosmische Licht hervorrufen. Achtens: Die Einengung des Bewusstseins, anstatt es universell und als Wirkung einer Weltseele zu verstehen, wie dies Giordano Bruno, Schelling, Helmut Krause und Jochen Kirchhoff sahen beziehungsweise sehen. Und viele andere.

Schon wenn man diese acht Faktoren, die sich erweitern ließen, nicht mehr als Prämissen begreift, sondern als das gerade Gegenteil von ihnen, verlebendigt sich der Blick.

Es wird hell und wirklich interessant, die Dinge zeigen sich in neuem Glanz. Und wir könnten begreifen, dass wir es immer gewusst haben, dass wir immer schon dort waren und immer sein werden. Und: Dass wir nie wirklich getrennt waren.

Und sein werden. Dass es das Du-bist-nicht-gemeint-Universum gar nicht gibt. Genauso wenig wie den wilden Schwachsinn der Kosmologie des Toten und Sinnlosen, der uns lange genug gequält und ruiniert hat.

Alles könnte ganz anders sein, als die herrschende Kosmologie behauptet. Alles ist ganz anders. Alles ist anders, wir sind anders. Der Himmel über und in uns ist ganz anders. Wir durchstoßen den Wahn, der uns bisher im Griff hatte. Wir stoßen vor ins Weite. Wir werden essenziell und substanziell. Und aller materialistische Krampf fällt von uns ab. Endlich, endlich ... Wir werden wesentlich und öffnen uns zum oder dem allein Wesentlichen im Weltall. ... Wer weiß, wohin es uns trägt ...

* * *

Erkenntnis und Wahn.
Das Problem der Wissenschaft
in der Weltkrise

Wir leben auf der Oberfläche einer Kugel, die mit erheblicher Geschwindigkeit durch die kosmische Nacht jagt. Was immer geschieht, was immer wir tun und unterlassen, erleben und erleiden, aufbauen und zerstören usw., es vollzieht sich auf dieser dahinrasenden Kugel, auf dem „Raumschiff" Erde. Die Erdbewohner, so scheint es, haben mehrheitlich die nähere oder weitere kosmische Umgebung irgendwie aus ihrem Bewusstsein ausgelagert. Da gibt es das Tages- und das Nachtgestirn, andere Gestirne, die ihre Bahn ziehen, es gibt das kosmische Licht und das Dunkel, die strahlende Majestät des Tages und die gelegentlich beunruhigende Majestät der Nacht. Doch beides wird nicht als ontologische Seinsgröße in eigener Würde und Tiefe betrachtet, sondern als letztlich anonymes, blind ablaufendes Geschehen, über das man nicht tiefer nachdenken muss, mit dem es also metaphysisch gar nichts auf sich hat. Und auch haben kann.

Wir stehen zwar unverlierbar in kosmischen Erlebnisfeldern, doch für die meisten Menschen in der herrschenden Intellektualkultur spielt dies erst einmal eine verschwindend geringe Rolle, im Vergleich mit dem, was sie als das allein Wichtige und Wesentliche betrachten, nämlich ihre unmittelbare Lebenswelt auf der Gestirnoberfläche, ihren Erfahrungshorizont, ihr Wünschen und Wollen, ihr Leiden und Vieles mehr. Was als kosmisch ins Bewusstsein tritt, ist allenfalls die sog. Astrologie oder das kosmologische Narrativ, das die herrschende abstrakte Naturwissenschaft in die Köpfe verpflanzt hat und welches mittlerweile eisern dort verankert ist. Dieses weitgehend tote Bild der kosmischen Umwelt ist wie eine gespenstische Folie hinter allem, was hier abläuft. Manchmal und manchen kommt der Verdacht auf, dass hier irgendetwas seltsam ist und vielleicht falsch oder verkürzt oder einseitig interpretiert wurde. Doch schnell wird dieser Argwohn wieder erstickt. „Die" Wissenschaft hat uns schließlich, alternativlos, erklärt, wie wir den Kosmos zu sehen haben und wie er uns als belegbar real umgibt. „Belegbar real"? Stimmt das wirklich? Kann man nicht vieles auch ganz anders sehen? Diese Frage wird selten gestellt, aber sie drängt sich eigentlich jedem ernsthaft Denkenden früher oder später auf. Oder, oder?

In dem, was ich hier und im Folgenden schreibe, pulsiert ein Ahnen um dieses „Ganz-Andere". Und das Problem der Wissenschaft und diese Weltkrise werden nicht nur immanent oder isoliert betrachtet, sondern geistig-kosmisch, ohne dass ich mich nun aufgerufen fühle, den „anderen Blick" in meiner Wahrnehmung und in meinem Denken hier breit darzustellen. Nur ein sanftes Hintergrundrauschen, eine Art kosmisches Raunen ohne Sprache, ist diesem Essay unterlegt und von ihm nicht abzulösen. Das mag den einen oder anderen irritieren, aber es wäre unredlich, wenn ich diesen „anderen Blick" verschwiege, der auch als eine Art Arbeitshypothese durchgehen kann... Ja, er ist eine Arbeitshypothese, kein Phantasma. Vielleicht auch eine metaphysische Prämisse, erkenntniskritisch gesprochen, eine Art metaphysische Setzung, für die es gleichwohl empirische Indizien gibt.

Von Anfang an habe ich die sog. Corona-Krise auch als geistige Herausforderung begriffen. Ich wollte verstehen, auch in philosophischer Hinsicht, worum es eigentlich geht, „was hier gespielt wird". Dass das offizielle Narrativ nicht stimmen konnte, war mir früh klar. Das zu erkennen, war vergleichsweise einfach. So viele Widersprüche, Ungereimtheiten, ungestützte Behauptungen, unsinnige, aber als sinnvoll, ja notwendig deklarierte Maßnahmen, ein autoritärer Gestus von nachgerade verblüffender Simplizität und Chuzpe unter dem Deckmantel der Wissenschaft und der sog. Alternativlosigkeit u.v.m. waren nicht zu übersehen. Das war und ist zunächst verwirrend. Wie war und ist so etwas möglich, und dies in globalem Maßstab? Wie konnte es dazu kommen?

Darüber ist viel geschrieben worden. Es gibt erhellende und kluge Betrachtungen, von denen ich viel gelernt habe. Die Front der „Corona-Skeptiker" oder „Maßnehmen-Kritiker" hat da Substanzielles zutage gefördert. Doch hatte ich stets den Eindruck, dass Wesentliches nicht erkannt und verstanden worden ist. Eine Feststellung, die ich nicht leichtfertig oder besserwisserisch so formuliere, sondern aus jahrzehntelanger Erfahrung heraus auf dem Feld der sog. Wissenschaftskritik, die ich in Büchern, Essays und Videobeiträgen der Öffentlichkeit präsentiert habe. Meine Kritik an der herrschenden Naturwissenschaft (und um diese ging es mir primär) war und ist im Wesentlichen Grundlagenkritik. Ich hatte schon vor Jahrzehnten den Eindruck gewonnen, dass es gerade daran auf ganzer Front mangelte, dass kaum jemand an dieses „heiße Eisen" heranging. Warum? Weil einem hier, wenn man konsequent an die (im Letzten metaphysischen) Fundamente rührt, an die meist unhinterfragten Prämissen und Axiome, auf denen das ganze imposante Gebäude der abstrakten Naturwissenschaft ruht, ein eisiger Wind entgegenweht. Der Schluss liegt nahe, dass hier eine Art Tabu vorliegt. Hinzu kommt bis zu einem gewissen Grade die verständliche Angst, sich lächerlich zu machen und im Zusammenhang damit ausgegrenzt zu werden, seine Reputation (wenn diese denn vorhanden ist) einzubüßen und quasi abzustürzen. Ich muss das hier nicht weiter vertiefen.

Zunächst möchte ich noch anmerken, dass ich die Corona-Krise, wie viele andere auch, als Teil einer noch nie dagewesenen Weltkrise betrachte, die sich als Grundlagenkrise unseres gesamten In-der-Welt-Seins verstehen lässt, als Bewusstseinskrise, oder auch, wie ich gelegentlich sage, als psycho-kosmologische Krise, die uns allen schwer zu schaffen macht und uns, in unterschiedlichen Graden, auch neurotisiert, wenn wir ehrlich sind. Keiner kommt hier ungeschoren durch.

„Erkenne die Lage" heißt ein Essay von Gottfried Benn aus dem Jahr 1944. Das will ich hier, bezogen auf die Weltkrise „seit Corona", versuchen. Die globale Lage zu erkennen, auch in der komplexen Vielfalt der ineinander greifenden, oft schwer zu durchschauenden Faktoren, erscheint mir unverzichtbar, obwohl es da natürlich Grenzen gibt, zumal auch übergreifende geistige Faktoren einschießen, die meist gar keine Beachtung finden, weil sie den engen Horizont der herrschenden Bewusstseinslage überschreiten und schnell als „esoterisch" oder „astrologisch" abgewertet werden. Dieses Risiko muss ich eingehen, obwohl ich hier ausschließlich als Philosoph und seit Jahrzehnten um echte Erkenntnis bemühter Denker schreibe.

Mir fiel schon im Frühjahr 2020 auf, dass viele das, was ihnen als Wissenschaft galt, wie eine Monstranz oder wie die berühmte Bundeslade vor sich hertrugen. Seit langem ist ja unübersehbar, dass Wissenschaft zu einer Art säkularer Religion geworden ist mit Excathedra-Erklärungen, die den Verlautbarungen kirchlicher Würdenträger in nichts nachstehen. Der dogmatische Gestus, auch bei, sagen wir vorsichtig, kühnen oder auch windigen Thesen ist gelegentlich atemberaubend und verblüffend. Übrigens geht es in erster Linie um die Naturwissenschaft, die als primär abstrakte Naturwissenschaft die Grund-und Leitwissenschaft der Intellektualkultur darstellt, vor der die „Laien" oft bewundernd und staunend stehen. Am schönsten, wenn sie mathematisch (und damit für die meisten erst einmal unverständlich), besser noch als Computersimulation daherkommt, deren Prämissen und Axiome nicht mitgeliefert werden. (Meist sind sie den betreffenden Forschern selbst nicht bewusst.) Der moderne/postmoderne Zeitgenosse ist mehr oder weniger wissenschaftsgläubig. Er gibt sich aber in der Regel als Skeptiker („mir kann man nichts erzählen"), gut informiert, urteilsfähig und wachen Geistes.

Die Realität sieht oft ganz anders aus, auch (aber nicht nur) deswegen, weil die Möglichkeiten der direkten und indirekten Beeinflussung durch die Medien mittlerweile so ausdifferenziert sind, dass der Einzelne erst einmal überfordert ist und ihm zudem die Kriterien fehlen, einen ihm als Faktum nahegelegten Sachverhalt adäquat zu beurteilen. Zumal dann, wenn es um Dinge geht (und das ist meistens der Fall), zu denen ihm der unmittelbare Erfahrungshintergrund fehlt. Das Spektrum der direkten Erfahrung des je Einzelnen ist sehr schmal; das meiste ist angelesen, unkritisch übernommen, je nach der eigenen Ideologie im Gepäck aufgegriffen oder als „auf jeden Fall falsch" zurückgewiesen. Das Meer der Meinungen ist unabsehbar groß. Ein Wort im „Faust" mag hier eine gute Ergänzung sein: „O glücklich, wer noch hoffen kann/aus diesem Meer des Irrtums aufzutauchen!/Was man nicht weiß, das eben brauchte man,/und was man weiß, kann man nicht brauchen."

Hinzu kommt die Macht der Autorität von Persönlichkeiten und Institutionen, die ein Renommee aufweisen und damit als vertrauenswürdig gelten. Sich davon abzugrenzen und das Eigene kritisch dagegenzustellen, erfordert einen Einsatz, der in der Regel gar nicht zu leisten ist und daher nur selten geschieht. Gerade bei der Wissenschaft und ihren Annahmen und Behauptungen ist dies ein Problem, das oft unterschätzt wird. Außerdem: Nur derjenige grenzt sich ab und hat auch nur das Bedürfnis danach, der den Verdacht hegt, hier stimme etwas nicht, hier sei etwas „faul". Dann wird verschärft nachgehakt und nach Schwachstellen gesucht, die man zu entkräften versucht, um so das ganze Narrativ zu Fall zu bringen. Wichtig ist immer: Ohne eine tragfähige Alternative hängt jede Kritik in der Luft. Das heißt nicht, dass diese Alternative nun alles abdeckt und sozusagen alles erklären kann, was aber oft erwartet wird. Ein heikles Feld...

Das sind eigentlich sattsam bekannte Dinge. In der Corona-Krise zeigte und zeigt sich dies aber wie in einem Brennglas. Zu den meisten Themen gibt es unzählige sog. Studien. Wer einer bestimmten Auffassung zuneigt, wie immer diese zustande gekommen ist, wird nur dem Aussagewert derjenigen Studie vertrauen, die ihn bestätigt, und die anderen ablehnen oder mit Misstrauen betrachten. Außerdem gibt es sozusagen epochale Irrtümer, die den Einzelnen übersteigen. Sind diese Irrtümer lange genug akzeptiert und verbreitet, haben sie eine eigene Trägheitskraft, gegen die erst einmal wenig zu machen ist. Wer sie anzweifelt, sieht sich schwersten und gelegentlich existenzvernichtenden Anfeindungen ausgesetzt. Und da hilft es zunächst wenig, wenn sich irgendwann herausstellt, dass er richtig lag.

Die Wissenschaftsgeschichte ist immer auch die Geschichte kollektiver Irrtümer, ja Wahnvorstellungen, an denen eisern festgehalten wird. Wichtig ist, dass wissenschaftliche „Meinungen" oder „Dogmen" nicht loszulösen sind von einem eher diffusen Weltbildkontext, der immer mitläuft. Dieser Weltbildkontext muss gar nicht direkt ins Bewusstsein treten; er kann implizit gegeben sein und ist es auch oft. Das lässt sich an großen wissenschaftlichen Kontroversen zeigen, etwa an dem Briefwechsel des Newton-Schülers Samuel Clarke mit Leibniz von 1715/16. Hier ging es zentral um Raum, Zeit, Kausalität und Gott, um das Absolute und das Relative. Wer den Briefwechsel komplett durchliest, der auf hohem intellektuellen Niveau geführt wurde, der gelangt ohne großen Scharfsinn zu der Schlussforderung, dass beide Kombattanten (Clarke für seinen Meister Newton) im letzten keinen Millimeter von der gleich zu Anfang vertretenen Überzeugung abgewichen sind. Keiner kann den anderen von der eigenen Sicht überzeugen. So endet die Partie im Patt, wenn man geneigt ist, das so zu sehen. Natürlich bewerten Kommentatoren den Wettstreit nach Maßgabe ihrer eigenen Grundannahmen oder von dem aus, was sie zu wissen glauben.

Ist der Raum absolut, also immer da, auch wenn er nichts enthalten würde (Newton), oder gibt es ihn nur, insoweit Gegenstände in ihm vorhanden sind (Leibniz)? Welche

Qualität hat der Raum? Wie steht der Raum zu Gott? Beide Antagonisten argumentieren durchgängig mit der Allgegenwart Gottes. Existiert Gott unabhängig vom Raum, hat dieser also eine eigene, quasi außergöttliche Realität, oder gibt es ihn, also den Raum, eigentlich gar nicht (wie die idealistischen Denker, Kant vor allem, annahmen)? Usw.

Oder die Kontroverse zwischen Niels Bohr, repräsentativ für die Quantentheoretiker, und Einstein. Beide hatten ein grundsätzlich anderes Verständnis von Wirklichkeit. Der quantentheoretische Ansatz, konsequent weitergedacht, löst den traditionellen Objektbegriff vollständig auf; es bleibt etwas Diffuses, Nebelhaftes, das nur mathematisch-akausal zu fassen ist. Einstein hielt dagegen, dass „Gott nicht würfelt"; er argumentierte an dieser Stelle ganz realistisch und von der herkömmlichen Kausalität aus...

Ich selbst, um das eingangs Angedeutete einen kleinen Gedankenschritt weiterzutreiben, gehe von einem ganz anderen Wirklichkeitsverständnis als dem der abstrakten Naturwissenschaft aus. Ich setze die Prämisse der umfassenden Lebendigkeit und tieferen Sinnhaftigkeit des Kosmos. Überall ist Gaia, ließe sich vereinfachend sagen. Die Menschen auf diesem Planeten und auf unzähligen anderen Gestirnen sind integrale Teile der Weltseele und des unendlichewigen Weltalls. Wir blicken in den Kosmos, doch, was kaum bedacht wird, dieser Kosmos blickt gleichsam zurück. Daran zerschellt jeder Monolog. Wir sind umfassend Angeblickte, auch wenn wir glauben, wenn wir unsere leistungsstarken Fernrohre in das nächtliche Firmament stoßen, dass wir nur eine tote Objektwelt vor uns haben, die mit uns in der Tiefe gar nichts zu tun hat, die uns und der wir total gleichgültig sind.

Das „Du-bist-nicht-gemeint-Universum" der herrschenden Kosmologie ist nach meiner Überzeugung eine Illusion. Ich komme auf diesen Aspekt zurück. Als lebendige Bewusstseinswesen sind wir eingebettet in ein umfassend lebendiges und bewusstes Universum. Leben und Bewusstsein erwachsen aus Leben und Bewusstsein. Dass Lebendiges aus Totem entsteht, ist nie beobachtet worden ...

Hier ist es angebracht, etwas zu sagen über Wesen und Ursprung dessen, was als Wissenschaft galt und gilt. Dazu bedarf es eines kurzen Blicks in die Wissenschaftsgeschichte. Die neuzeitliche Naturwissenschaft als strukturell abstrakte Erkenntnissuche entstand im späten 16., frühen 17. Jahrhundert als Antwort auf die Herausforderung des Kopernikanismus. Kopernikus verstand sich in erster Linie als Mathematiker. Der von ihm vorgenommene Platztausch von Erde und Sonne (vereinfacht gesagt) enthielt keinen Hinweis auf die hier mitzuliefernde Physik des heliozentrischen Ansatzes. Die schwierigste und am meisten beunruhigende Frage war diese: Wenn sich die Erde (und das musste ja angenommen werden) rasend schnell bewegt, warum merken wir nichts davon? Warum ist die irdische Wahrnehmung einschließlich dessen, was als Physik galt und gilt, wie abgeschottet gegenüber dieser „entfesselten Erde" in ihrem rasenden Lauf um die Sonne? Nebenbei bemerkt: Diese Frage kann einen auch heute noch ins Grübeln bringen oder in Verwirrung stürzen. Ist sie überzeugend beantwortet worden? Keineswegs, wie ich umfassend bewiesen zu haben glaube.

Die nachkopernikanische Physik, als deren Vollendung zunächst die Newton'sche Himmelsmechanik galt (nicht rundum identisch mit der Physik von Newton selbst, wie man weiß), gab darauf eine eher abstrakte Antwort. Sie postulierte die physikalische Gleichwertigkeit der berühmten geradlinig-gleichförmigen Bewegung (eine Fiktion reinsten Wassers) mit dem Zustand der Ruhe. Das war bzw. ist das „Relativitätsprinzip der klassischen Mechanik". Die so beunruhigende Frage, wie die Bewegung des Gestirnganzen und die auf der Gestirnoberfläche empfundene Ruhe des uns tragenden Bodens zur Deckung zu bringen sind, war damit nicht wirklich beantwortet. Sie ist es bis heute nicht in der herrschenden Physik, wie so viele andere Fragen, die völlig zu Unrecht im allgemeinen Bewusstsein als geklärt gelten.

Da die Technik funktioniert, glauben viele (die meisten wohl), dass damit nicht nur die ihr zugrunde liegende Physik zweifelsfrei bewiesen wurde, sondern auch die sie weit übersteigende abstrakte Naturwissenschaft einschließlich der physikalischen Kosmologie und der ihr inhärenten Hypothesen und Fiktionen. Das ist ein schlichter Irrtum. Die weitgehend empirische Grundlage physikalischer Prinzipien auf der Erdoberfläche oder in der kosmischen Nähe beweist in keiner Weise die gewagtesten Theorien und Hypothesen der sog. Kosmologie. Etwa den Urknall, die Schwarzen Löcher, die Raumkrümmung u.v.m.

Physik, als mathematische Naturwissenschaft, war im Ursprung und im Grunde bis heute niemals auf die konkret erfahrene Lebenswelt des Menschen bezogen, sondern stets auf eine quasi entsinnlichte, skeletthaft verdünnte und in diesem Sinne mehr oder weniger tote Welt. Es ging nicht um Leben, sondern um die abstrakte Beschreibung von Dingen, denen kein Eigenleben innewohnt. Zu diesem Eigenleben gehört auch das Bewusstsein, gehört im Grunde alles, was die lebendige Existenz auszeichnet, also auch Farbe, Emotion, komplexe Vielfalt der Wahrnehmung, um nur Beispiele zu geben. Das fiel nun quasi weg. Es rutschte in den Bereich des „Nur-Subjektiven". Kein würdiger Kandidat für die angeblich „objektive" Erkenntnissuche oder, bescheidener, „Weltbeschreibung". Damit ist eine Spaltung entstanden, die den lebendigen Menschen im Grunde zerreißt und / oder in eine lebenslange Schizophrenie hineintreibt.

Heute extrem: „Da draußen" eine mehr oder weniger lebensfeindliche Objektwelt in einem monströsen, sinnlosen Universum, das kaum mehr die alte Bezeichnung Kosmos verdient. Das macht den Menschen, wie Sloterdijk sagt, zum „kosmischen Idioten". Letztlich ruiniert es ihn, wenn es ihm nicht gelingt, hier eine lebbare Alternative zu eröffnen, die nur von einem lebendigen, bewusstseinserfüllten Universum aus sinnvoll zu denken ist, wie ich es seit langem favorisiere, in der Nachfolge und im Weiterdenken der Naturphilosophen und Kosmologen Giordano Bruno (1548 bis 1600) und Helmut Friedrich Krause (1904 bis 1973), um hier nur zwei meiner wichtigsten Impulsgeber zu nennen.

Die sog. abstrakte Naturwissenschaft, als eine Wissenschaft des Toten, gilt nach wie vor als Königsdisziplin und Vorbild von Wissenschaft überhaupt. Dazu gehört auch das, was Carl Friedrich von Weizsäcker als „methodischen Atheismus" bezeichnet hat, womit eine weitere Prämisse genannt ist, die das wissenschaftliche Projekt fundiert. Der Einzelne darf „glauben, was er will", aber als Wissenschaftler muss er stramm atheistisch und auch materialistisch arbeiten, reduktionistisch ohnehin: Übergreifende seelische und geistige Erklärungs-und Wirkprinzipien, die das Weltall erfüllen (dafür sprechen viele Indizien) sind mehr oder weniger tabu, sind nicht zugelassen im wissenschaftlichen Diskurs. Das gilt als Privatmeinung ohne wissenschaftliche Relevanz, die den Einzelnen, der damit an die Öffentlichkeit tritt, eher verdächtig macht. Das hat unser aller Wahrnehmung auf ganzer Front beschädigt. Und es bedarf eines eigenen Kraftakts, hier einen schöpferischen Gegenakzent zu setzen, um zu einem anderen, tieferen und umfänglicheren Wissenschaftsverständnis zu gelangen.

Zum methodischen Atheismus gehört daher notwendig der methodische Rund-um-Materialismus (= alles ist letztlich materiell), der alle wissenschaftlichen Weltzugänge in ein enges ideologisches Korsett presst und – notwendig – zu grotesken Verzerrungen führt, die mit der Wirklichkeit nichts zu tun haben. So kann es in dieser Sicht konsequent nur materielle oder energetische („quasi-materielle") Wirkfaktoren geben. Und diese werden in der Tiefe der Materie, im Kleinsten, aufgespürt. Irgendwann wird der „Forscher" in diese Höhlengänge der Materie hinein-und hinabgesaugt, was mit einer Art Mineralisierung des Bewusstseins einhergeht, die alles genuin Menschliche zum Verschwinden bringt. Im Transhumanismus kommt dies brutal deutlich zur Erscheinung.

Was als Virologie seit zwei Jahren in den öffentlichen Fokus rückt, ist geradezu paradigmatisch für den von mir umrissenen toten Wissenschaftsbegriff. Keine Virologie ohne Computersimulation, ohne mathematische Modellierungen, und dies auf der Basis von abstrakten Prämissen, die den lebendigen Menschen über weite Strecken zum bloßen Objekt machen, zum Ding, zur Funktion mathematischer Prinzipien, denen er sich zu fügen hat, wenn die modellhaften Konstruktionen politisch-machtförmig und medial als Grundlage weitreichender Eingriffe in das Leben unzähliger Menschen ausgegeben werden. Wissenschaft mutiert dann häufig zum Fetisch, ja zum Götzen: die herausdestillierten, meist isolierten und ohne Kontext vorgetragenen Zahlen bekommen ein gespenstisches Eigenleben, das den „normalen Menschen" (wenn es den denn noch geben sollte) völlig überfordert und in den Wahnsinn treiben kann.

Das Tote triumphiert; das Lebendige kommt unter die Räder. Die technokratische Diktatur lässt kaum eigenlebendige Spielräume zu, höchstens gnädig geduldete Spielwiesen, die geschickt offeriert werden, um den Irrsinn des Ganzen nicht allzu offensichtlich erscheinen zu lassen.

Wir erleben in der Corona-Krise eine zum Teil hitzige und ideologisch aufgeladene Diskussion über die Frage: Was ist echte und seriöse Wissenschaft, und was muss als Pseudo-Wissenschaft bezeichnet und daher abgewiesen werden? Da sind Lager entstanden und Fronten, die sich gegeneinander in Stellung bringen. Es stehen viele Behauptungen im Raum, die beanspruchen, auf wissenschaftlichen Erkenntnissen und Forschungen zu basieren. Da sind die Grenzen oft schwer zu ziehen. Studie steht gegen Studie. Man findet fast immer eine Studie, die die eigene Meinung bestätigt oder zumindest in den Bereich hoher Wahrscheinlichkeit rückt. Und der sog. Laie fragt sich oft verwirrt und auch frustriert: Was ist nun wahr?

Beispiel: Gibt es überhaupt Viren? Dass diese niemals klar isoliert und gereinigt worden sind, spricht eher dagegen. Aber ist das ein überzeugendes Argument? Lässt sich zweifelsfrei nachweisen, wenn das berühmte Sars-Cov-2-Virus tatsächlich existiert, dass es kausal verantwortlich ist für die als Covid-19 bezeichnete Krankheit? Haben wir es hier also mit einer wissenschaftlichen Erkenntnis zu tun oder denn doch nur mit einer schwachen, eher dürftigen Hypothese, vielleicht gar mit einer bloßen Fiktion? Ist das angebliche Virus SarsCov-2, wie manche vermuten, nur ein Computerkonstrukt? Die bunten Virus-Darstellungen, die die „seriösen Medien" ständig und wie manisch verbreiten und manipulativ einsetzen, sind auf jeden Fall pure Fantasieprodukte. So etwas ist nie auch nur näherungsweise mit einem Elektronenmikroskop gesehen worden. Man landet bei solchen Fragen in einer Art Minenfeld, vor allem wenn mit deren Beantwortung Machtpositionen, Reputation oder politische Einflussnahme oder Deutungshoheit verbunden sind. An allen Fronten wird hier mit harten Bandagen gekämpft. Der Ton ist nicht selten gereizt, emotional aufgeladen, hochmütig oder diffamierend. Es werden allerorten und verblüffend selbstbewusst Dinge als Fakten ausgegeben, die günstigenfalls als Vermutung oder Arbeitshypothese zu bewerten sind.

Auch ist Vieles, mehr als die meisten Zeitgenossen denken, dem wissenschaftlichen Zugriff grundsätzlich entzogen. Der Raum als solcher etwa, um nur ein Beispiel zu geben, ist in wissenschaftlicher Hinsicht eine Art Sphinx, ein komplettes Rätsel, das noch jeden Rationalisten in den intellektuellen Abgrund gerissen hat. Das Gleiche gilt für die Zeit, für das Ich, für den Ursprung des Lebens, für das Bewusstsein... Wir sind von Rätseln und Mysterien umgeben, denen gegenüber das hier übliche Projekt der Wissenschaft erbärmlich und zugleich megalomanisch anmutet.

Es ist eine erkenntnistheoretische Naivität ersten Ranges, ernsthaft anzunehmen, dass diese Welt in Gänze rational zugänglich sei. Die Grenzen der erkennenden Vernunft abzustecken, wie dies Kant versuchte, ist über diese erkennende Vernunft selbst unmöglich; man bräuchte dazu eine quasi-göttliche Metaperspektive, ein absolutes Erkennen, wie schon Nietzsche gegen Kant ins Feld führte. Noch einiges zur Klärung:

Unbestreitbar gibt es so etwas wie empirische, also auf Erfahrung beruhende Naturwissenschaft; daneben existiert das unabsehbar weite Feld der Hypothesen, der Mutmaßungen, der Behauptungen und des „mathematisierten Okkultismus." Zum Reich der reinen Fiktionen ist es von dort nicht weit. Die meisten halten das Königreich der Empirie für sehr groß, das der Hypothesen für „etwas kleiner", aber doch hinreichend groß und das der Fiktionen eher für klein. Nach meiner Überzeugung ist es genau umgekehrt. Wenig echte Erfahrung, viel Hypothesenbildung und Mutmaßung sowie ein unabsehbar großes Feld der puren Spekulation und der Fiktionen. Das wird in der Kosmologie besonders deutlich, deren Matadore sich für die Speerspitze der irdischen Intelligenz halten. Dabei sind sie nicht einmal in der Lage, verständlich zu machen, wie sich das Licht so geradlinig durch den leeren Raum hindurch bewegen kann. Welches Trägermedium ermöglicht dies? Der Lichtäther wurde gedanklich abgeschafft, aber was trat an seine Stelle? Eigentlich nichts. Das Nichts, zugehängt mit dem wenig inhaltliche Substanz transportierenden Wort „Quantenvakuum" – eine pure Fiktion. Dabei kommt man hier nur mit subtileren Äthervorstellungen wirklich weiter, die aber die handelsübliche Wissenschaft überschreiten.

Ich maße mir nicht an, diese Differenzierung zwischen empirisch, hypothetisch und fiktiv immer in letzter Konsequenz vornehmen zu können. Aber unbestreitbar gibt es diese grobe Dreiteilung, und sie ist durchaus hilfreich und

Erkenntnisleitend. Vieles muss ich oder „man" einfach hinnehmen oder mehr oder weniger glauben. Nur auf relativ wenigen Feldern kann ich, wie auch anders, auf eigene, wirklich empirische Forschungen zurückgreifen. Das Ganze wird umso schwieriger, je abstrakter, komplizierter und indirekter die jeweilige Beweis-oder Begründungskette ist. Die Basisfrage „Was ist ein wissenschaftlicher Beweis?" wird damit zu einem Abgrund.

Bei kosmologischen Fragen fehlt der im eigentlichen Sinne empirische Zugang; die Ergebnisse sind stark modellabhängig und basieren auf Prämissen, die im Kern metaphysische Setzungen sind und deren Letztbegründung unmöglich ist. Der sog. Urknall ist da ein prägnantes Beispiel. Er kann sozusagen strukturell gar nicht bewiesen werden, wie man schnell einsehen kann. Wenn man etwa die sog. Rotverschiebung, also die Verschiebung der galaktischen Spektrallinien Richtung Rot, nicht wie zunächst Hubble Ende der 1920er Jahre, als Dopplereffekt deutet (also als Flucht der Spiralnebel, wie man damals sagte), sondern etwa als „Lichtermüdung" oder durch anders bedingte Feldeffekte hervorgerufen, dann kommt man zu völlig anderen Ergebnissen.

Dass ich hier kosmologische Elemente heranziehe, geschieht nicht nur in erkenntnistheoretischer oder -kritischer Hinsicht (so wichtig und interessant dieser Aspekt ist), sondern aus der Perspektive der Mensch-Kosmos-Frage heraus, die von kaum auszulotender anthropologischer Relevanz ist. Und damit ist zugleich das Menschenbild angesprochen. Welchen Wesens ist der Mensch? Diese (metaphysische) Frage wird meist als zu spekulativ abgetan. Man gewinnt den Eindruck, dass politische, soziologische und wissenschaftliche Vorgänge auf unserem Heimatplaneten völlig un abhängig von übergreifenden kosmischen oder besser kosmisch-geistigen Faktoren betrachtet werden können, ja sollen, und sozusagen immanent ablaufen. Das halte ich für einen grandiosen Irrtum.

Die herrschende Kosmologie macht den Menschen, den „Erdling", zum Quasi-Nichts, zu einem aus der Nacht des Nicht-Seins sinnlos heraufgewirbelten Wesen, mit dem es im tieferen Sinn „gar nichts auf sich hat". Und das seinem Tod als einer schwarzen, ihn zerschmetternden Wand entgegenjagt, vor der die meisten in Angst erstarren. Der anthropologische und kosmische Nihilismus ist hier mit Händen zu greifen. Alles, was darüber hinaus geht, gilt im öffentlichen Diskurs als bloße Meinung, als Ideologie, als „nur subjektiv" ohne Verankerung in soliden, materiellen und rational bestimmbaren Faktoren. Das berührt den schon angesprochenen methodischen Atheismus, man könnte auch sagen den methodischen Nihilismus, die methodische Sinnlosigkeit. Seit Jahrzehnten spreche ich auch von der „subjektblinden Naturwissenschaft", die auch durch die Quantentheorie nicht aufgehoben oder überwunden wurde, wie vielfach behauptet wird. Der lebensferne, ja lebensfeindliche Abstraktionismus der herrschenden Physik findet in der Quantenphysik geradezu seine Krönung. Merkwürdig, dass viele das nicht sehen. Die Quantentheorie kann kein Naturding wirklich erklären, ob nun eine Ameise, einen Grashalm oder den Menschen, soweit er eben Natur ist.

Die Konflikte unserer Zeit sind im Kontext dieses methodischen Nihilismus, dieser puren und öden Immanenz ohne geistig-kosmische Verankerung gar nicht zu lösen. Das sieht man nur allzu deutlich. Die Menschen auf dieser Erde in der herrschenden Bewusstseinsverfassung, der Intellektualkultur, fühlen sich mehrheitlich als sinnloses Treibgut im Meer des toten Außenraums, der sie kalt und gnadenlos anhaucht. Das „Projekt Weltseele" gilt als auf ganzer Front gescheitert (Sloterdijk). Der „kosmische Idiot", von dem schon die Rede war, ist dann die einzig mögliche und wissenschaftlich abgesegnete Existenzform des Menschen. Die sog. Würde des Menschen, die im letzten metaphysisch verankert ist, bleibt dann auf der Strecke. Das ist allenthalben in seinen Folgen zu besichtigen. Die sog. modernen oder postmodernen Menschen sind mehrheitlich abgestürzt auf die Betondecke der materiellen Außenwelt. Das pure Diesseits, die pure, materialistisch gedachte Immanenz zerstrahlt oder zerschmettert mittelfristig alles, was die Kernsubstanz des Menschen ausmacht. Hier muss der Mensch zum neurotischen Gespenst werden, mit panischer Angst vor dem Tod. Dass dies so ist, liegt offen genug zutage. Auf dieser nihilistisch geprägten Todesangst spielen die Corona-Regime mit schamloser Raffinesse.

Die Transhumanisten sind auf dem Vormarsch, weil es keine schöpferische und genuin geistige Gegenkraft gibt gegen die rundum kranke Vision des Maschinen-Menschen. Die sog. KI (Künstliche Intelligenz) wird von Unzähligen bejubelt. Warum? Weil es an natürlicher Intelligenz mangelt. Weil der Mensch hier auf ganzer Linie versagt hat. Mir ist bewusst, dass sehr viele das ganz anders sehen.

Da sind wir wieder bei der Wissenschaft und, notwendig, beim Menschenbild. Die Fehlentwicklung hier bedingt die Fehlentwicklung dort. Was ist Ursache, was Wirkung? Der Mensch ist sich selbst abhanden gekommen, könnte man formelhaft sagen. Er hat seine Kernsubstanz gleichsam delegiert an die Maschine und an die vielen technischen, u.a. digitalen Götzen, denen er dient. Die Technosphäre ist längst zur Theosphäre geworden und beherrscht mittlerweile flächendeckend diesen geschundenen Planeten. Das bekommt uns allen nicht gut, wenn wir auch meinen, hiervon zu profitieren, und den Götzen verharmlosen, der uns voranpeitscht. „Du glaubst zu schieben, doch du wirst geschoben" heißt es im Faust (Walpurgisnacht).

Und: Das schon erwähnte „Quasi-Nichts" Mensch, wie auch anders, spielt sich allzu häufig als „Quasi-Gott" auf. „Will kein Gott auf Erden sein, /sind wir selber Götter", heißt es in der „Winterreise" (22. Lied). Das ist offenbar die frohgemute oder auch verzweifelte Maxime, die eher eine Parole oder einen Kampfruf darstellt.

In dieser Weltkrise, die uns alle zu ruinieren droht, klammern sich viele an „die" Wissenschaft, als sei hier der einzig sichere und verlässliche Boden. Es ist wohl geboten, näher zu bestimmen, worum es hier eigentlich geht. Vom Ursprungsimpuls der neuzeitlichen Wissenschaft in der Astronomie, in der Auseinandersetzung mit der kopernikanischen Herausforderung, war schon die Rede. Diese Herausforderung besteht in gewisser Weise noch heute. Und zwar deswegen, weil die damals aufgebrochenen Fragen (entgegen dem, was die meisten glauben) gar nicht wirklich geklärt worden sind. Die Matadore der abstrakten Naturwissenschaft, deren erster Galilei war, wiesen (und weisen immer noch oder stets erneut) die Frage nach dem Wesen oder der inneren Seinsqualität der Objekte und Kräfte der zu erforschenden Welt zurück, und zwar zugunsten der Mathematisierung und abstrakten Modellierung, die nichts wirklich erklärt, aber den machtförmig-technischen Zugriff auf die Welt ermöglicht.

Ich spreche gelegentlich vom „mathematisierten Okkultismus" der abstrakten Naturwissenschaft, um diesen Begriff noch einmal anzuführen. Das Wesen der Dinge bleibt verborgen (= okkult) und interessiert auch zunehmend weniger, während der funktionale und formale Aspekt der mehr oder weniger als tot imaginierten Dinge der Natur und des Kosmos fast ausschließlich das Feld beherrscht. Wozu tiefer denken, wenn man doch rechnen kann? Wer rechnen kann, denkt nicht. Und wer denkt, rechnet nicht, jedenfalls nicht mit den toten Zahlen, die allein ernstgenommen werden in der Wissenschaft. „Zahlen töten", sagt der Kulturphilosoph Oswald Spengler (der auch Mathematiker war).

Das wissenschaftliche Großprojekt basiert idealiter auf dem Bemühen um rationale Welterkenntnis am Leitfaden klarer und strenger Prinzipien und Kriterien, zu denen auch die sog. Reproduzierbarkeit gehört. Die Grundprämisse lautet: Rationale und empirische Welterkenntnis ist bis zu einem gewissen Grade möglich und sinnvoll. Sie eröffnet sich ständig erweiternde und vertiefende Perspektiven auf „die Welt", im Extremfall auf das Ganze der seienden Dinge, das Universum (= Kosmologie). Die Basis der Wissenschaft soll empirisch sein, also auf objektivierbarer Erfahrung beruhen, soweit diese eben möglich ist. Vieles, ja das meiste dieser Welt entzieht sich der direkten Erfahrung. Das Indirekte beherrscht das Direkte. Das wird selten tiefer reflektiert, wofür es mehrere Gründe gibt. Einer wurzelt in der Hybris und dem Größenwahn des wissenschaftlichen Geistes, zu dessen wahnhafter Ideologie es gehört, den Gipfel menschlicher Geistesgröße zu repräsentieren, die alles und jedes vor den Richterstuhl der eigenen Großmächtigkeit zu laden für legitim hält, für alternativlos ohnehin. Die Selbstvergottung des

Menschen tritt hier offen zutage. Seine Ignoranz ist dem an den Tag gelegten Größenwahn direkt proportional.

In der Coronakrise ist vieles gleichsam holzschnittartig in die Erscheinung getreten, was ohnehin seit langem der Fall ist (ich wiederhole das, wie manches andere, ganz bewusst, sozusagen aus mantrischen Gründen), nämlich das Fehlen eines höheren und der seelischen Komplexität und Tiefe des Menschen adäquaten Menschenbildes, und dies in enger Koppelung an ein in Teilen geradezu absurdes Weltbild, ein sinnloses und totes Universum, beherrscht von bewusstseinsblinden und maschinenmäßig funktionierenden sog. Naturgesetzen. Wir haben den umfassend lebendigen und sinnvollen Kosmos mit unseren Projektionen gleichsam maskiert oder zugestellt. Das zermalmt uns und zerschlägt auch jeden geistig-kosmischen Sinnzusammenhang. Ohne diesen aber sind wir verloren. Sinnlose Bewusstseinsflämmchen in der Himmelswüste, die nach kurzer Lebensdauer vom Sturmwind der eigenen Projektionen, die als objektive Realitäten erscheinen, ausgeblasen werden.

Das materialistische/reduktionistische Welt-und Menschenbild wird durch Corona in seiner Dumpfheit und Lebensfeindlichkeit vorgeführt. Alle sog. Maßnahmen, global, tragen diesen brutalen Stempel. Die erkenntnistheoretischen Irrtümer und Fehlsteuerungen sind mit Händen zu greifen. Etwa die Orientierung der „regierungsamtlichen" Wissenschaftler an Computermodellen, an abstrakten Zahlen und Diagrammen mit prognostischem Anspruch, die mit der komplexen lebendigen Realität der konkreten Menschen gar nicht in Verbindung zu bringen sind. Die gebotenen Begründungen waren und sind monokausal und eindimensional und daher in der Grundrichtung rein spekulativ. Die orientierungslosen Politiker verweisen auf die „Expertise" der einschlägigen Wissenschaftler, die in einen quasi-religiösen Rang rückt. An die berühmte Aussage des Kirchenvaters Tertullian „Credo quia absurdum." (Ich glaube es, weil es absurd ist) habe ich mich immer wieder erinnert gefühlt. Aber auch sonst oft. Klar, dass es auch solide und gut fundierte Wissenschaft gibt, doch in der Regel nur auf einem vergleichsweise überschaubaren Terrain, wo auch die Irrtumsmöglichkeiten überschaubar sind. Ganz anders sieht die Sache aus, wenn es um schwierige und nur indirekt, wenn überhaupt, zu erschließende Komplexe und Kausalitäten geht. Dahinein fließt der Großteil der wissenschaftlichen Energie. Damit ist zugleich einer oft wilden Spekulation Tür und Tor geöffnet.

Ich muss noch einen bisher nicht erwähnten Faktor hinzufügen. Wir leben in einer Zeit, in der fast alles irgendwie moralisch aufgeladen wird. Auch und gerade die Wissenschaft, zu deren Ideologie es eigentlich gehört, „jenseits von Gut und Böse" zu sein, also jenseits moralischer Normen und Vorgaben. In der Corona-Krise ist davon nur noch wenig zu spüren. Im Streit der Wissenschaftler geht es nun nicht mehr primär um richtig und falsch, sondern um das ideologisch und von der Macht Gestützte und Gewollte. Nicht der ergebnisoffene Streit von Argumenten steht im Zentrum, sondern häufig genug die Gesinnung, die politische Ideologie, die jeweils favorisierte Weltanschauung und eben auch die sog. Moral. Warum eigentlich? Vielleicht als eine Gegenbewegung gegen den faktischen Nihilismus einer im Sinnlosen dahintreibenden Menschheit, mehrheitlich vorangepeitscht von jenem metallisch glitzernden Götzen, den ich den Megatechnischen Pharao nenne, als Sammelbezeichnung für die abstrakten Machtapparate. Das Sahnehäubchen der Moral wird dem jeweiligen Irrsinn verlogen aufgesetzt, und dies verblüffend erfolgreich. Wer sich als ergebener Staatsbürger, aber auch sonst ideologisch auf der richtigen Seite wähnt, braucht die moralische Attitüde, um sich gut zu fühlen. „Du gefährdest Menschenleben, wenn du dich, ganz egoistisch, nicht impfen lässt oder hier ohne Maske rumläufst!" Damit ist ein Verdammungsurteil ausgesprochen, das den derartig Angesprochenen moralisch in die Knie zwingen soll, ja geradezu eines genuin menschlichen Attributs beraubt.

Wie der Kosmos gesehen wird (Weltbild), hat viel zu tun mit unserem Menschenbild und mit der Art, wie wir die Erde bewohnen und zu ihr stehen. Jede Kultur oder kollektive Seelenformation hat ihre je eigene Psychokosmologie und damit ihren allseits verbindlichen Innenraum, der den Einzelnen einbettet und trägt. Dieser verbindliche Innenraum ist in der abendländischen Geistesgeschichte verlorengegangen und auch nicht zurückzugewinnen, was auch, wäre es denn möglich, kaum wünschenswert erscheint. Nur als seelenloser Cyberspace auf der Folie der kosmischen Verlorenheit des Einzelnen stellt sich Übergreifendes noch verbindlich her. Das verbindende Element ist eigentlich das Nichts.

Wenn die Sternenwelt schweigt und der Kosmos nur noch monströs verzerrt in die Wahrnehmung rückt, weil lebendige, ineinander greifende Raumenergiefelder im Meer der Weltseele nicht mehr sein dürfen, bleibt nur der schwarze und bewusstseinsblinde Außenraum als ödes Immer-Weiter, was den Menschen zum kosmischen Outcast macht, zitternd in seiner Todesangst und Seinsverlorenheit. Dann wird die geistig „vorgedachte" Wüste „da draußen" auf der Gestirnoberfläche materiell hergestellt. Der Kosmos ist geistig zerstört und entvölkert worden und grinst die Erdlinge nun dämonisch an. „Der Kosmos ist wie ein Spiegel", lautet ein altpersisches Weisheitswort. „Schaut ein Esel hinein...", muss ihm auch ein Abbild seiner selbst entgegentreten. (Ich sollte die Esel, diese wunderbaren Tiere, um Verzeihung bitten, dass ich sie hier so heranziehe.) Kurz und fast trivial gesagt: Der Mensch sieht und wertet die kosmische und irdische Umwelt nach Maßgabe seines eigenen Bewusstseins, kollektiv und individuell.

Wenn die tote Kosmologie fällt, was ohne eine „metaphysische Revolution" nicht zu denken ist, bricht auch der megatechnische Wahn mit all seinen absurden und lebensfeindlichen Fiktionen und Narrativen in sich zusammen. Dann lichtet sich gleichsam der Himmel. Und der Mensch begreift, dass er niemals getrennt, dass sein Exil immer eine Illusion war. Ich erlaube mir diese Vision, ohne sie jetzt gleichsam auszumalen, verbunden mit dem Risiko, nun zur Gruppe der Fantasy-Autoren gerechnet zu werden. „Den lieb ich, der Unmögliches begehrt", sagt Manto im zweiten Teil des „Faust". Aber es ist wichtig, ja unverzichtbar, zu einer rettenden Perspektive vorzustoßen, die den herrschenden Wahn durchstößt. Wie und wo wäre diese zu finden?

Letztlich münden alle Fragen dieser Art in die eine große Frage: In was für einer Welt (= Universum) leben wir eigentlich? Deren Beantwortung, ob nun explizit oder eher implizit, bestimmt unser gesamtes In-der-Welt-Sein in all seinen Facetten. Sind wir, also die Erdbewohner, allein in einem absurden und von blinden Kräften und Gesetzen regierten Weltall, dem unser Wohl und Wehe gleichgültig ist, weil wir sozusagen gar nicht vorgesehen sind, sondern unser Dasein nur einer irgendwie verrückten Drehung im Getriebe der

Dinge zu verdanken ist? Umgürtet vom Nichts, aus dem wir kommen und das uns irgendwann wieder zum Verschwinden bringt, einem letztlich sinnlosen Tod entgegenjagend, einem allseits gefürchteten grausamen Fürsten, dem wir nicht entgehen können und der immer „schon da ist", wie der Igel bzw. dessen Frau in der berühmten Geschichte vom Hasen und dem Igel?

Was verbirgt sich dahinter? Ist die Angst vor dem Tod nicht in der Tiefe eine ganz andere Angst, nämlich die Angst vor sich selbst in der äußersten Konfrontation mit dem eigenen Ich, dem eigenen So-Sein in seiner geistig-kosmischen Verankerung? Wer sind wir ontologisch, wenn wir nicht einfach dumpfe Schemen oder Schimären darstellen, die umfassend verhöhnt werden vom Zufall, der an jeder Ecke lauert (auf der Erde und im All)?

Die Corona-Krise hat die gefühlte Sinnlosigkeit, die allenthalben grassiert, und die Angst vor der Vernichtung durch den Tod kollektiv in die Wahrnehmung gerückt. Das allseits Verdrängte rückt nun bedrohlich nahe an uns heran. Das Virus wird zum Tod schlechthin. Zum Feind schlechthin. Dieser Feind muss mit allen Mitteln bekämpft werden. Und in der Nur-Außenwelt der Materialisten heißt das schlicht die Verlängerung des Lebens um beinahe jeden Preis. Der Mensch wird zum bloßen Körper, und dieser Körper wird gnadenlos in Besitz genommen, kolonisiert, ja patentiert und hineingepresst in die Große Maschine, deren Teil er werden soll. Geist, Seele, schöpferische Intelligenz, widerständige Lebendigkeit, metaphysische Würde,-all das bleibt auf der Strecke, interessiert kaum noch. Wer tiefer denkt, stört den Ablauf der Maschine und die transhumanistische Agenda, die gnadenlos vorangetrieben wird.

Wissenschaft (im Sinne der abstrakten Agenda) wird nicht nur zum Fetisch, wie schon erwähnt, sondern zu einer Art Zwangsveranstaltung, und dies nach dem Motto: Mehr Wissenschaft; das hilft uns allen. Wir überwinden, früher oder später, was die Menschheit bislang drangsaliert hat. Nun geht es hinein in die Schöne Neue Welt, vom Smartphone zur Smartcity, zum smarten Staat und noch besser zum smarten Planeten. Überhaupt ist ständig vom Planeten die Rede (von seiner Rettung ohnehin, die schon auf T-Shirts und Rücksäcken verbal zelebriert wird), obwohl er, genauer betrachtet, so gut wie nichts in seiner eigenen kosmischen Würde zählt. Letztlich weiß der Erdenmensch gar nicht, welches Gestirn er eigentlich bewohnt.

Der smarte Wahn kennt keine Grenzen. Die Chips, die du eingepflanzt bekommst, sind erst der Anfang. Du selbst wirst zum Chip und bist dann befreit von der Last des Fleisches.

Wie überwinden wir die materialistische, reduktionistische und abstrakte Wissenschaft, die heute mehrheitlich favorisiert wird? Ich meine hier primär die sog. Naturwissenschaft (die diese Bezeichnung nur noch mit Einschränkungen verdient), an der sich letztlich alle anderen Wissenschaften orientieren. Wissenschaftskritik, wie ich sie vertrete, ist keine Wissenschaftsfeindschaft, sondern das leidenschaftliche Bemühen um Welterkenntnis, und damit auch um eine Wissenschaft, die Kosmos und Mensch in ihrer Tiefe und Fülle (und das schließt das Bewusstsein ein) in den Blick nimmt.

Die Weltkrise, die wir durchleben, die uns im Grunde alle überfordert, ist ohne ein radikales Umdenken nicht zu überwinden. Das sagt sich leicht, aber was heißt das? Dieses Umdenken kann wohl nur in einer Art Kulturrevolution geschehen, die nicht vordergründig planbar oder herstellbar ist, sondern sich wahrscheinlich nur in der äußersten Bedrohung entwickeln und konstellieren kann, wenn das „Projekt Menschheit" umfassend zu scheitern droht, wenn „alles aus" ist oder zu sein scheint. Dann kann, im tieferen Verständnis, das die systemische Komponente einschließt, aber überschreitet, ein (kosmisch induzierter) „Umschlag" erfolgen, der vieles wendet. Und alles entscheidet sich entlang der Frage, wer wir dann sind. Das lässt sich nicht vorausgreifend bestimmen oder gar fordern. Postulate bringen nichts, wie man weiß. Doch echtes Denken, bezogen auf die lebendige Wirklichkeit der Erde und des Kosmos, löst Wirkungen aus. Jedes lebendige Sein in eigener Intensität und Gestaltungsfülle ist eine Gegenkraft gegen die Vernichtung, gegen die nihilistische Matrix, die hier vorerst noch triumphiert und fast alle und alles fest im Griff hat. Widerstand dagegen ist geboten, im Denken und im Tun.

Ohne die geistig-kosmische Perspektive, die ich ja schon habe anklingen lassen, ohne sie differenzierter zu bestimmen, wird es nicht gehen. Immanent, glaube ich, sind wir verloren oder „geliefert". „Nur ein Gott kann uns retten" sagt Martin Heidegger in dem berühmten Spiegel-Gespräch von 1966. Hilft uns das weiter? Kaum. Obwohl da etwas angesprochen wird, das mir bedenkenswert erscheint, dass es nämlich immanent nicht geht, nicht gehen kann. Den Erdenmenschen, auf sich gestellt und von sich aus, wird es nicht gelingen, den herrschenden Wahn zu durchstoßen. Es spricht zumindest wenig dafür. Der „kosmische Faktor" muss dazukommen, ja eigentlich: die Initialzündung darstellen. Das wäre dann das Pendant oder Äquivalent zu Heidegger.

Alles ist belebt, beseelt und durchdrungen von Bewusst-sein. Das ist meine metaphysische Prämisse. Daraus folgt viel. Alles Belebte und Beseelte will sich erhalten und will und wird sich verteidigen gegen es bedrohende oder über-haupt zerstörerische Kräfte. Wir Menschen, auf allen be-wohnten Gestirnen, sind Mitspieler in diesem Drama. Geis-terschlachten toben gleichsam um uns und in uns, wenn es gestattet ist, sich dieser Begrifflichkeit zu bedienen. Der Kos-mos ist keine Idylle in diesem platten Sinn, sondern gestalte-tes Leben im Bewusstseinsringen.

Überall ringen Wesen um Bewusst-Sein. Der Weltraum ist keine tote Erstreckung eines öden Immer-Weiter, son-dern durchpulst von der Weltseele. Dieses wunderbare Wort ist aus dem Sprachschatz fast völlig verschwunden. Die Ver-ödung und Trivialisierung der Sprache entspricht der mega-technischen und abstrakten Bewusstseinsformation, die den Globus beherrscht. Wie lange noch, wie lange noch?

* * *

Die Arbeiter des Teufels
Oppenheimer und die Bombe

Mit seinem Film „Oppenheimer" hat Christopher Nolan die Debatte um die Atombombe in die Gesellschaft zurückgebracht. Begriffen haben wir sie bis heute nicht. Das „Manhattan-Projekt" ist die Quintessenz der modernen Naturwissenschaften.

Die Atombombe ist der große Todesengel, der über der Menschheit schwebt. Sie signalisiert und manifestiert eine permanente Bedrohung, der niemand entgehen kann. Zugleich werden fundamentale, ja abgründige und quälende Fragen aufgeworfen, die sich die wenigsten Menschen überhaupt stellen. Um diese Fragen aber soll es hier gehen.

Zunächst dies: Welche Energie wird eigentlich in der Atombombe frei? Alle Welt glaubt das zu wissen. Aber die Sache ist rätselhafter, als viele denken. Denn was ist überhaupt Energie? Was ist Kernkraft? Was Kernenergie? Bekanntlich hat es die Physik niemals geschafft, hier eine wirkliche Klärung herbeizuführen – was im übrigen für die meisten ihrer gängigen Begriffe gilt.

„Wir haben die Arbeit des Teufels getan", resümierte Robert Oppenheimer, der Chef des „Manhattan-Projektes", im Rückblick auf sein Werk. Und auch: „Wir haben die Sünde kennengelernt." Aufschlussreiche Sätze, die man ernst nehmen kann und auch sollte. Sie beziehen sich schließlich auf eines der größten Menscheitsverbrechen. Hat dieses Verbrechen die Naturwissenschaft generell kontaminiert, im besonderen natürlich die Physik? Das wurde 1945 und in den

Jahren danach durchaus von Einzelnen diskutiert, spielt aber heute eine eher untergeordnete Rolle. Verwundern kann das nicht, da sich die global herrschende Megatechnik ohnehin als alternativlos geriert und alles Lebendige längst in die Defensive gedrängt hat. Der Transhumanismus und die Atombombe hängen eng zusammen, wie man ohne großen Scharfsinn erkennen kann. Es sind lebensfeindliche Großprojekte, die uns bedrohen und die dennoch gnadenlos vorangepeitscht werden.

Die Naturwissenschaft seit Galilei, daran darf, ja muss erinnert werden, war stets eine abstrakte Naturwissenschaft; um die Erkenntnis der Lebenswelt jedenfalls ging es ihr nie. Strenggenommen hat es eine Wissenschaft des Lebens kaum je gegeben. In der abstrakten Naturwissenschaft ging es stets um eine quasi entsinnlichte, skeletthaft verdünnte und in diesem Sinne tote Welt. Die Frage nach dem Wesen der Dinge geriet also unter die Räder. Sie wurde für irrelevant erachtet. Wozu Farbe, wozu Sinn, wozu Schönheit, wozu geistig-kosmische Verbundenheit? Das alles war nicht mehr von Bedeutung. Es zählte nicht und wurde somit auch nicht gezählt bzw. der toten Zahl unterworfen.

Was hingegen zählte, waren Dinge, und damit Objekte ohne Innenseite, ohne Qualitäten, ohne Bewusstsein. In dieser Beschränkung lag die große Stärke der mathematischen Physik, die zunächst die Grund- und Leitwissenschaft der Moderne wurde. Auch die Quantentheorie hat daran nichts geändert. Es triumphierte auf ganzer Front die subjektblinde Wissenschaft – eine Wissenschaft, die die Welt als bloße Dingwelt betrachtete, als bloßes Außen. Parallel zu dieser Entwicklung geriet das Universum zunehmend zur lebensfeindlichen Wüste, zugänglich und erschließbar nur durch den kalten und mehr oder weniger toten Rasterblick. Der Technikhistoriker Lewis Mumford hat in diesem Zusammenhang einmal vom „Verbrechen Galileis" gesprochen; ein Verbrechen, das die meisten als solches gar nicht sehen oder sehen wollen. Darüber aber mutierte der Mensch, wie Peter Sloterdijk sagt, zum „kosmischen Idioten"... Und er blieb in dieser Rolle bis heute.

Nur aus eben diesem „kosmischen Idiotismus" heraus konnte die abstrakte Naturwissenschaft überhaupt jenen Höhenflug entfalten, der so viel Bewunderung fand und findet. Und das, obwohl er uns mittelfristig ruiniert. Wenn also der Biochemiker und Wissenschaftskritiker Erwin Chargaff, einst Mitentdecker der DNA, die Atombombe als „Quintessenz der Naturwissenschaft" bezeichnet, dann ist damit ein Urteil ausgesprochen, das in seiner Schärfe kaum zu überbieten ist. In dieser Wertung nämlich läuft die gesamte Naturwissenschaft auf ihren Omegapunkt zu, und dieser Punkt ist die Atombombe. Verschiedentlich ist davon gesprochen worden, das Grauen der atomaren Verwüstung bedeute den „Verlust der Unschuld" der Wissenschaft. Das aber ist eine naive Sicht. Diese Unschuld nämlich hat es nie gegeben.

In einem langen Gespräch über die Grundlagen der Physik, das ich im Sommer 1974 mit Werner Heisenberg führen konnte, forderte ich Heisenberg damals auf, in nur einem Satz zu formulieren, was er als Physiker als sein innerstes Anliegen bezeichnen würde. Er sagte daraufhin: „Ich will die Natur verstehen und zwar so genau verstehen, dass Voraussagen möglich sind." In diesem Satz aber steckt eine erhebliche Einschränkung, ein Tunnelblick. Denn die Fülle des Lebendigen kann auf diese Weise niemals in den Fokus rücken – und soll es vermutlich auch gar nicht. Das Weltall als lebendiger Organismus, wie dies der große Renaissancephilosoph Giordano Bruno noch sah, bleibt somit unsichtbar und unerkennbar. Und so ist es bis heute. Selbst die größten Fernrohre können daran nichts ändern. Im Gegenteil. Sie füttern nur die Hybris der involvierten Forscher.

Es ist also nur folgerichtig, dass sich die abstrakte Naturwissenschaft, als sich ihr die Möglichkeit dazu bot, auch die Mikrowelt und die Strahlungsphänomene der Materie mit ihrem analytischen Tunnelblick erschließen wollte. Ihr Ziel war es dabei stets, das Sicherheitsschloss der Natur aufzusprengen, also das, „was die Welt im Innersten zusammenhält". Es war wie ein magischer Sog, der die Forscher ins Kleinste der Materie hineinzog und ihr Bewusstsein zunehmend mineralisierte. Die politische Konstellation tat zudem das Ihrige, um diesem dunklen Wollen den Weg zu ebnen.

So ist die Atombombe der grausige Wechselbalg der modernen abstrakten Physik. Denn mit der Newtonschen Physik kann man keine Bombe bauen. Wohl aber mit den Mitteln der Megatechnik und der abstrakten Werkzeuge und mathematischen Methoden, die alles Lebendige überrollen und planieren. Hier möchte ich anmerken, dass der unzählige Male vorgebrachte Zusammenhang zwischen der Energieformel, die Einstein populär machte, und der Atombombe so direkt nicht gegeben war. Es ist keineswegs die Materie „einfach so" in Energie umgewandelt worden. Im letzten bleibt unbekannt, was wirklich bei diesen Vorgängen abläuft. Es ist wie ein „mathematisierter Okkultismus". Das Substantielle der Sache verschwindet weitgehend hinter der zunehmend umfassender praktizierten Mathematik. Formeln, Hypothesen und kühne Fiktionen behaupteten das Feld. Ohne Mathematik lief und läuft gar nichts. Das aber hat

die erkenntnistheoretische und philosophische Grundlagenkritik, die es ja vereinzelt immer noch gibt, enorm er-
schwert.

Was aber Energie wirklich ist und wie sie hier zur Mani-
festation kommt (das gilt auch für die Materie), bleibt unbekannt. Eine vollständige Umwandlung von Materie in Energie ist niemals beobachtet worden. Und sie geschieht auch
nicht bei der Kernspaltung und Kettenreaktion und ihren
desaströsen Folgen.

Es gibt in diesem Zusammenhang eine interessante, aber
kaum beachtete Aussage von Werner Heisenberg zur Frage
der in der atomaren Explosion freigesetzten Energien, die
ich hier zitieren möchte, weil sie zentral wichtig ist: „Es ist
gelegentlich behauptet worden, dass die enormen Energiemengen bei den Atomexplosionen unmittelbar durch die
Verwandlung von Masse in Energie entstehen und dass man
nur aufgrund der Relativitätstheorie diese riesigen Energiemengen voraussagen kann. Diese Ansicht beruht auf einem
Missverständnis. Die großen Energiemengen ... waren seit
den Experimenten von Berquerel, Curie und Rutherford
über den radioaktiven Zerfall bekannt. ... Die Energie, die bei
einer Atomexplosion frei wird, stammt also direkt aus dieser
Quelle und ist nicht durch die Verwandlung von Materie in
Energie hervorgebracht."

Die Atombombe kann als innerster Kern der Naturwissenschaft und ihrer strukturell abstrakten Erkenntnissuche
verstanden werden. Dieser Zugang mündet langfristig fast
immer in Zerstörung, auch wenn das viele vielleicht nicht
hören wollen. Wer die Welt primär als berechenbaren Kräf-
tezusammenhang begreift, wird sie irgendwann zu zerstören versuchen. Nur über eine Wiedergewinnung des Leben-

digen und damit auch des lebendigen Kosmos, der uns trägt und umgibt, haben wir überhaupt eine Chance, uns aus dieser Verblendung zu befreien. Vielleicht ist dazu eine tiefgreifendes Umdenken erforderlich.

Zur Stunde allerdings sieht nichts danach aus, dass es möglich wäre, ein solche geistige Revolution zu vollziehen. Die Mehrheit der Menschen auf diesem seltsamen Gestirn, das wir bewohnen, scheint sich wohnlich eingerichtet zu haben in einem lebensfernen, ja in Teilen geradezu verbrecherisch oder faschistisch anmutenden Universum, in dem Schwarze Löcher als Sternenfresser und ähnliche Monster das Geschehen dominieren. Wenn das über uns und um uns herum geschieht, woran können wir uns dann orientieren? Kosmologie wäre dann eigentlich Chaotologie, die zugleich das Spiegelbild unserer kollektiven Bewusstseinsverfassung darstellt. Wir begreifen das Universum nach Maßgabe unseres Bewusstseins.

Die Atombombe bündelt den Weltbildwahn der Menschen, der sich eisern in ihren Köpfen verankert hat und als objektivierbare Wissenschaft gilt. Der Atompilz gewinnt hier nachgerade einen sakralen Status. Shiva zerstampft die Welt. Und die Angst davor sitzt tief in den Seelen. Der sogenannte moderne oder postmoderne Mensch ist ein durch und durch gespaltenes oder schizophrenes Wesen. Er bewohnt die Lebenswelt, die immerhin in Restbeständen noch existiert, aber zugleich hat er sich fast schon von ihr verabschiedet. Mit seinem Bewusstsein ist er längst in den Cyberspace abgetaucht oder in den Orbit aufgestiegen, aus dem heraus ihn nun die Gespenster seiner eigenen Projektionen angrinsen. Bilder, denen er nicht entrinnen kann.

Die Arbeit des Teufels also ist getan. Was haben wir ihr jetzt entgegenzusetzen?

* * *

Der Mensch
im lebendigen Kosmos

Die Welt ohne uns

Es gilt mehr oder weniger als ausgemachte Sache, dass die Natur älter ist als der Mensch, hat sie doch den Menschen hervorgebracht und wird ihn irgendwann wieder einschmelzen oder abschütteln, und ihr unvordenklicher Strom wird weitergehen, immer weiter, nur ohne den Menschen. Der verschwindet dann, als hätte es ihn nie gegeben.

Viele begrüßen dieses Verschwinden des Menschen, jedenfalls theoretisch oder, besser gesagt, ideologisch. Die Natur kann wieder erblühen, wenn der Störfaktor Mensch nicht mehr da ist, der alles ruiniert.

So weit, so gut. Oder eben nicht gut. Diese Sichtweise impliziert die Sinnlosigkeit des Menschen und dass es mit ihm weiter nichts auf sich hat. So wäre es besser, wenn er sang- und klanglos verschwände. Die Natur wird es uns danken. Gemeint ist hier zunächst die Natur auf der Erde, die als Oase im Meer des als tot und lebensfeindlich imaginierten Alls treibt. Letztlich als leeres Treibgut ohne tiefere Bedeutung. Das zu postulieren gilt als Wissenschaft, der Rest als schlechte Poesie.

Wenn man die gegenteilige Prämisse setzt, also von der Sinnhaftigkeit der menschlichen Existenz im Universum ausgeht, die dann im Prinzip überall gegeben sein müsste, rückt der Mensch in einen komplett anderen Seinsstatus. Das Leben fühlt sich dann anders an, schwingt anders, wird wesentlich, ist nicht zu denken ohne kosmische Verantwortung. Der Mensch wird zum rundum gemeinten Wesen, ja er konstituiert geradezu den Kosmos. Das Universum ist nur durch und über den Menschen ein wirklicher Kosmos, der umfassend lebendig und derart eingebettet ist in ein unendliches und all-lebendiges Sinngefüge.

Doch gehen wir erst einmal einige Schritte zurück und stellen Fragen, die uns helfen, unseren Standort zu finden und ihn mit Leben und Verantwortung zu füllen. Was ist eigentlich Natur? In der griechischen Antike finden wir eine wunderbare Definition des Menschen innerhalb der Natur. Natur galt als ein komplexes Ineinander und Nebeneinander von Ursprung (Arche), Ziel (Telos), dem Prozess des kosmischen Werdens vom Anbeginn bis zum End- und Höhepunkt und dem ihm innewohnenden Sinn. Damit war ein großer Bogen des Seins gespannt, in den der Mensch eingeordnet war und der in der Gesamtheit des durch und durch sinnvollen Kosmos wurzelte.

Bei den Römern geschieht eine Verlagerung der Sinngebung im Rahmen einer natürlichen Seinsordnung. Der Ausgangspunkt alles Natürlichen war „nasci", also geboren werden. Und das schwang stets mit, wenn von „natura" die Rede war. Also noch immer haben wir einen lebendigen und sinnerfüllten Naturbegriff, der immerhin letzte Restbestände des altgriechischen Kosmos enthielt.

Die neuzeitliche Denkbewegung hat dann einen völlig anderen Naturbegriff etabliert. Der alte Kosmos war gleichwohl in Teilen noch lebendig. So in der Naturphilosophie, vor allem der des Unendlichkeitsphilosophen Giordano Bruno, der wie kein anderer die Lebendigkeit des Weltalls heraufbeschwor.

Die abendländische Naturwissenschaft und rationale Philosophie postulierte dann „Natur" als bloße Außenwelt ohne ein Innen, als die Bühne unseres Seins, die sich mathematisch vermessen ließ und dem kalten Rasterblick des analytisch-reduktionistischen Geistes unterworfen werden konnte, ja sollte.

Die Natur büßte ihre Lebendigkeit ein; der technisch-imperiale Geist triumphierte auf ganzer Front. Irgendwann verdampfte alles Lebendige in den Köpfen. Der Nihilismus trat seinen Siegeszug an, der bis heute andauert.

Damit verschob sich die anthropologische Frage, also die Frage: Was ist der Mensch, und zwar in seinem Wesen, seiner Essenz? Was spricht denn überhaupt dafür, dass wir eine kosmisch gemeinte und sinnerfüllte Seinsform darstellen? Viele bezweifeln das sowieso beziehungsweise halten diese Annahme für eine irgendwie schöngeistige Fiktion, mit der man sich nicht ernsthaft beschäftigen muss.

Was wir heute auf unserem Planeten erleben, ist ein erbitterter geistiger Kampf um das Bild des Menschen, der sich einem finalen Showdown zu nähern scheint. Die Fraktion der „Menschenleugner" ist stark – ich benutze jetzt diesen Begriff, halb ironisch, in Anlehnung an dogmatische Formeln, in denen das Leugnen tabuisierter Phänomene zum Tragen kommt. Machtvolle Bataillone haben sich um sie versammelt, die sich nicht so ohne Weiteres geschlagen geben.

Ihr zentrales Credo hinsichtlich des Menschen lässt sich wie folgt skizzieren: Mit dem Menschen hat es wenig auf sich; eine wie auch immer geartete metaphysische Substanz kann ihm nicht zugesprochen werden. Er ist ein höheres Tier, das sich megalomanisch aufbläht, um letztlich im nihilistischen Nirgendwo zu verschwinden.Der Mensch wird als belebtes Nichts vorgestellt. Vorangepeitscht von Wahnideen und dumpfen Egoismen, umschnürt vom Korsett einer nihilistischen Zwangsjacke, die ihm den höheren Atem raubt. Zu dieser Zwangsjacke gehört als notwendiges Pendant die Vorstellung eines sinnleeren, lebensfeindlichen und rundum monströsen Universums, in dem gewalttätige Phantasmen wie die sogenannten Schwarzen Löcher ihr quasifaschistisches Unwesen treiben. Ein Albtraum ... Merkwürdig, dass sich so wenig Widerstand dagegen regt, den man doch eigentlich erwarten müsste.

Die involvierten Forscher wähnen sich auf Du und Du mit dem Weltgeist und lassen sich entsprechend bewundern und feiern. Die Transhumanisten imaginieren sich selbst als Weltgeist; sie dienen nicht dem Weltgeist, sondern sie sind es selbst beziehungsweise glauben, sich als dieser zu inkarnieren.

Die „Menschenleugner" stellen sich die bange Frage: „Sind wir allein im Universum?" Allein durch diese Frage haben sie sich als „kosmische Idioten" entlarvt – um einen suggestiven Begriff von Peter Sloterdijk zu verwenden –, denn kein halbwegs intelligenter Mensch würde die Auffassung vertreten, dass diese seltsame Mannschaft auf dem Raumschiff Erde allein und isoliert durch das All rast oder schwebt. Die ängstlich Fragenden fürchten, ihnen überlegenen Wesen zu begegnen, die sie lächerlich erscheinen lassen könnten. In der Tiefe wissen sie, dass ihre Intelligenz nicht weit reicht, auf die sie dennoch irgendwie stolz sind. Sie halten sich für die Speerspitze irdischer Geisteskraft. Verblüffend eigentlich ...

„Menschenleugner" sind in gewisser Weise auch Kosmosleugner. Sie leugnen die metaphysische Tiefe des Menschen und des Kosmos selbst, der sie trägt und umgibt. Sie halten den Kosmos für wenig intelligent, andernfalls würden sie nicht derartig absurde Weltbildvorstellungen favorisieren. Wer glaubt den selbst ernannten Kosmologen? Ich jedenfalls nicht.

Man kann den Naturbegriff auf das Universum übertragen. Dann ist alles Seiende selbst Natur. Natur ist das, was der Mensch nicht ist, wenn wir ihn aus dem Naturzusammenhang herausnehmen. So wird es meist gesehen.

Ist der Mensch Natur oder steht er irgendwie außerhalb derselben? Wie ist das Ganze gebaut und konstelliert? Wenn wir nur Natur wären, im Sinne der auch materiell fassbaren Weltbühne, dann wären wir verloren. Dann gäbe es keinen Ausweg aus der allenthalben imaginierten Himmelswüste.

Ich glaube, dass der Mensch unter bestimmten Bedingungen überall im Kosmos heraustritt, dass wir umgeben sind von unvorstellbarer Seinsfülle, zu der auch immer der Anthropos gehört, der eigentlich gemeinte Mensch. Gestirne sind die Träger menschlichen Lebens, überall und seit dem Abgrund der Ewigkeit. Also sind Menschen Ewigkeitswesen, verankert im kosmischen Sein, in der Unendlichkeit in Raum und Zeit. Ewig, ewig, ewig ... Oder, wie Goethe sagt:

„Gestaltung, Umgestaltung, / des ewigen Sinnes ewige Unterhaltung."

Wir wachsen auf Gestirnoberflächen heran, um irgendwann das alles hinter uns zu lassen, um einzutauchen in die göttliche Ursubstanz, deren Teil wir sind – wenn diese halb religiöse Formel hier gestattet ist.

Überall Leben, überall Intelligenz, überall Bewusstsein, verkörpertes zunächst, karmisch geformt und durch Leid und Tod hindurchgegangen. Getragen und durchdrungen werden die Gestirne von gewaltigen Raumenergiefeldern, die im Gegeneinanderwirken das kosmische Licht erzeugen.

Wir betrachten das Weltall – wie auch anders! – nach Maßgabe unseres lebendigen Bewusstseins, nicht nach Maßgabe technischer Geräte und Messinstrumente, mit denen wir den engen Zirkel der materiellen Dinge und Formen niemals verlassen können. „Der Kosmos ist wie ein Spiegel", lautet ein altpersischer Weisheitssatz. „Schaut ein Esel hinein (...)." Ich muss wohl die Esel hier um Verzeihung bitten, dass ich sie so heranziehe.

Wir sind nicht nur die Blickenden, nicht nur die mit gigantischen Fernrohren Bewaffneten, sondern zugleich die Angeblickten, die immer Gemeinten, die auf offener karmischer Bühne agieren (müssen) – wir können uns nicht verstecken; was wir sind, liegt offen zutage.

Die Erdlinge haben es mehrheitlich nicht geschafft, den irdisch-sinnlichen Dunstkreis zu durchstoßen. So waren beziehungsweise sind sie nicht in der Lage, die unerschöpfliche Fülle des Menschlichen im Universum zu erfassen. Sie fühlen sich allein und ahnen nicht, dass sie sozusagen in gleißendem Licht stehen und agieren, umtost vom Sturmwind des Karma, dem niemals zu entgehen ist. Sie stoßen ihre Fernrohre in die schwarze Nacht und hoffen, derart zu echten Erkenntnissen zu gelangen. Das Projektive ihrer Forschungsbemühungen bleibt ihnen verborgen.

Der Mensch entwickelt sich überall im Weltall aus der Natur heraus. In gewisser Weise ist er nicht deren Teil, sondern deren Essenz; er inkarniert das Ganze des natürlichen Seins. Und nur weil dies so ist, kann er sich zu sich selbst hinentwickeln. Das führt zu Erkenntnisfragen fundamentaler Art, denen nicht auszuweichen ist. Am Anfang der Welterfahrung beziehungsweise des In-der-Welt-Seins steht, meist unbewusst, die Frage nach der Erkenntnis überhaupt. Was kann erkannt werden, wo habe ich sicheren Boden, wo projiziere ich und so weiter?

Letztlich geht es um die Frage aller Fragen: In welcher Welt leben wir eigentlich? Und: Wie sind wir da hineingekommen – hineingestürzt vielleicht? Der Mensch, sagt Novalis, sei „eine Analogienquelle für das Weltall". Die Welt enthält also den Menschen als ihren integralen Teil, wobei dieses Teil-Sein in der existenziellen Tiefe eigentlich gar nicht existiert.

Der Mensch repräsentiert das Ganze, weil er in die Grundsubstanz der Welt verwoben ist und ihr zugehört. Er fokussiert und bündelt als kosmisches Wesen schlechthin das Ganze und kann nur deshalb dieses Ganze in seiner Grundstruktur auch erkennen. Im Kern erkennt er nur sich selbst, weil er das welthaltige Wesen schlechthin ist.

Das hat schon die idealistische Philosophie, etwa die von Schelling, ausdifferenziert und kaum widerlegbar zur Darstellung gebracht: Ich bin die Welt. Ich erkenne die Welt, weil ich sie bin, weil ich sie inkarniere und von ihr konstituiert bin, zugleich aber auch sie in Gänze konstituiere. Anders lässt sich Erkenntnis, die diesen Namen verdient, nicht fundieren oder verstehen.

Ich will zurückkommen auf die vier Komponenten der altgriechischen Naturidee oder Naturkonzeption: Ursprung, Ziel, Prozess und Sinn dieses Prozesses. Das berührt auch die Frage nach dem Menschen, ja ist davon gar nicht zu trennen. Ursprung = Arche, Ziel = Telos. Insofern sind wir arche-teleologische Wesen. Und das heißt auch: Zeitwesen. Wir sind das, was wir waren und was wir sein werden. In dieser zeitübergreifenden Ganzheit sind wir gehalten. Sie trägt uns, verbürgt uns, lässt uns dem kosmischen Anthropos entgegenwachsen, wenn wir darin unsere Vollendungsstufe finden, also das, was auch als Buddhaschaft verstehbar ist. Überall ringen Menschen im Weltall um hohes Bewusstsein und Seinserfüllung.

Wir sind umgeben von tosendem Leben. Die Leblosigkeit der modernen Kosmologie ist ein Wahn, der uns alle in den Irrsinn treibt. Merkwürdig, dass die meisten Menschen auf dieser Erde das alles hinnehmen, als könne es gar nicht anders sein – um das noch einmal zu betonen.

Dabei ist die Pathologie dieser Vorstellungen mit Händen zu greifen. Das nächtliche Firmament in seiner strahlenden Majestät ermöglicht oder induziert zumindest ein Ahnen, dass überall Leben und Intelligenz existiert, jedenfalls für eine gewisse Spanne, die gestirnbezogen und variabel ist.

Was verbergen die samtene Pracht und die Sterne auf deren Grund? Sinnleere Ödnis sicher nicht; diese wohnt eher in den Hirnen der fehlgeleiteten Erdlinge. Warum sich am Sinnlosen hochziehen, wie es viele tun, nur weil die kosmologischen Modelle so sind, wie sie eben sind, also trostlose Konstrukte und Höllen?

Man kann alles anders sehen und interpretieren, wenn man von anderen Prämissen ausgeht. Das habe ich über Jahrzehnte hinweg immer wieder zu zeigen versucht. Durchaus nicht ganz ohne Erfolg.Es sind andere Denkhorizonte, die ich ins Spiel bringe; diese sind durchaus in der Lage, als Gamechanger zu fungieren, auch wenn es zur Stunde nicht danach aussieht.

Zum Schluss ein weiteres und durchaus ermutigendes Wort Goethes:

„Ist's denn so groß das Geheimnis, was Gott, der Mensch und die Welt sei? Nein! Doch niemand hört's gerne. So bleibt es geheim."

* * *

115

Die Extraterrestrischen

Die Frage nach außerirdischem intelligenten Leben ist eng gekoppelt an die Frage, wo sich diese Intelligenzen entfalten können, das heißt auf welchen Himmelskörpern. Und da sind wir bei der Kosmologie, der Lehre vom Kosmos und vom Weltall. Von der modernen Kosmologie aus jedenfalls ist es schwer, ja unmöglich, den kosmischen Ort zu bestimmen, von dem aus diese Wesen starten, wenn sie denn überhaupt von irgendwo starten. Das ist ja nicht zwingend. Aber stimmt diese allseits gefeierte Kosmologie überhaupt? Da gibt es begründete Zweifel. Bei mir jedenfalls seit mehr als fünfzig Jahren. Und ich bin nicht der Einzige ...

Die Mainstream-Kosmologie steckt zwar in einer tiefen Krise – die die meisten gar nicht mitbekommen – , aus der sie bislang nicht herausgefunden hat, aber insgesamt wird ihr geglaubt, hält man ihre Grundannahmen im Wesentlichen für zutreffend. Wer's nicht tut, sieht sich schnell ins Abseits gedrängt. Spinner und Fantasten, wie bekannt, gibt es reichlich ...

Wer bestimmt das, wer legt das fest? Und aufgrund welcher Kriterien? Wer glaubt den Kosmologen, die fast überall den Ton angeben und mit dem Weltgeist – darunter geht es nicht – auf Du und Du stehen? Das ist die Frage der Prämissen, der Denk- und Forschungsvoraussetzungen, die stets mitlaufen, meist nur implizit. Und das berühmte kritische Denken, das ideologisch so hoch im Kurs steht, sieht gerade bei kosmologischen Fragen – und um die geht es hier ja – eher dürftig aus.

Auch kluge Geister und Intellektuelle, die sich viel zugute

halten auf ihre Fähigkeiten, das allseits Herrschende zu hinterfragen, knicken hier in der Regel ein und kapitulieren vor dem, was Physiker, Astronomen und Kosmologen wie eine Monstranz vor sich hertragen, wohl wissend, dass den sogenannten Laien schlicht die Kriterien fehlen, dies seriös zu beurteilen und Empirie, Hypothesen und pure Fiktionen voneinander zu unterscheiden. Das kann man niemandem vorwerfen. Und doch, und doch: Ganz so einfach liegen die Dinge nicht.

Wir müssen bei diesem Thema in gewisser Weise ganz von vorn anfangen, uns immer wieder neu und frisch den entscheidenden Fragen stellen, die hier aufbrechen, und uns nicht von Dogmen und Autoritäten, die sich überall drohend auftürmen, das eigene Denken austreiben lassen. Das sagt sich leicht. Aber wie sieht die Realität aus? Haben wir mehr zu bieten als mathematisierte Annahmen? Was wissen wir wirklich? Wo sind solide Fundamente, auf denen wir unsere Weltkonstrukte aufbauen können?

Zunächst dies: Wie wahrscheinlich ist es, dass wir Bewohner dieses kleines Gestirns Erde in den unermesslichen Tiefen und Weiten des Weltalls einen einzigartigen Status einnehmen, und zwar in dem Sinne, dass es „unseresgleichen" nirgendwo sonst gibt und geben kann. Das wirkt, um es unmissverständlich zu sagen, doch recht unwahrscheinlich.

Warum sollten wir so extrem selten sein? Dafür spricht eigentlich nichts. Dies dennoch anzunehmen führt in letzter Konsequenz zu der kühnen These, dass der Großteil der uns sichtbaren Himmelskörper nicht Träger von Leben und Bewusstsein sind, sondern gleichsam nur Dekor, ein Ensemble von toten Dingen, mit denen es nichts auf sich hat.

Die Debatte darüber, ob es außerirdisches intelligentes Leben gibt oder nicht, ist alt: „Sind wir allein im Weltall?" Das ist eine über Jahrzehnte hinweg immer wieder gestellte Frage. Ich selbst habe diese Frage nie gestellt, weil ich, nicht nur aus Wahrscheinlichkeitsgründen, von vornherein davon ausging und noch immer ausgehe, dass wir in einer rundum und in Gänze lebendigen Welt leben und dass alle Hypothesen über unsere angebliche Seltenheit oder gar – noch absurder – Einmaligkeit im Letzten auf falschen Denkvoraussetzungen beruhen, auf falschen Annahmen und Behauptungen, die einer intelligenten Analyse nicht standhalten.

Das Meer der Galaxien, das uns die megatechnischen Fernrohre enthüllen, ist eindrucksvoll, aber ohne jede tiefere Aussage. Was sieht man denn? Genau das bleibt unklar und rein hypothetisch. Wir wissen doch gar nicht, was eine Galaxie wirklich ist, was Gestirne wirklich sind, wie sie entstanden sind und was sich auf ihnen und mit welchen Akteuren tatsächlich abspielt. Die bekannten Schlussfolgerungen, die aus den Beobachtungen mithilfe der Superteleskope abgeleitet werden, sind, bei Licht gesehen, nichts als Behauptungen. Alles kann ganz anders erklärt werden. Und überhaupt: Alles ist komplett anders, als es scheint beziehungsweise erscheint.

Was als tote Leere ausgegeben wird, spiegelt nur die tote Leere der Betrachtenden.

„Der Kosmos ist wie ein Spiegel", lautet ein altpersisches Sprichwort. Was wir in diesem Spiegel wahrnehmen, sind wir selbst. Wir bewerten die kosmische Umwelt nach Maßgabe unseres eigenen Bewusstseins. Alle Beobachtungen müssen interpretiert werden. Sie stehen nicht in Leuchtbuchstaben über den Phänomenen.

Was ist denn das kosmische Licht? Vielleicht primär das Resultat von raumenergetischen und gegeneinander wirkenden Feldern, die per se schon lebendig sind, erfüllt von brodelndem Leben und Bewusstsein. Da ist nichts Totes und Sinnloses, sondern überall sehen wir Manifestationen der kosmischen All-Einheit, des Weltenraums, der in der Kernsubstanz die Weltseele selbst ist, wie der Kosmologe und Philosoph Helmut Krause hervorhebt. Schon bei dem großen Renaissancephilosophen Giordano Bruno finden wir ähnliche Aussagen.

Die Galaxien bewegen sich nicht von uns weg, wie die Urknallfiktion nahelegt, sondern sie entschwinden in die unauslotbare Weite des lebendigen Alls, weil unser kosmisches Sehorgan im Zuge eines Alterungsprozesses schwächer wird. Die Fluchtbewegung der Galaxien basiert auf einer Täuschung. Und so weiter.

Wo kann sich lebendiges und intelligentes Leben entfalten? Noch im 18. Jahrhundert vertraten die Gelehrten die Auffassung, dass alle Himmelskörper belebt und von vernunftbegabten Wesen bewohnt werden. Der Philosoph Voltaire grübelte darüber, ob nicht möglicherweise die Bewohner des Sirius dem Intelligenzgrad der Erdbewohner weit überlegen sein könnten. Immerhin ein interessanter Gedanke, der durchaus ernsthaft erwogen werden kann. Dieser Gedanke mag falsch sein, aber er ist erheblich intelligenter als die Behauptung, dass auf dem Sirius keinerlei Leben existiert.

Ich selbst gehe bei allen Erwägungen stets vom Lebendigen aus, nicht vom Toten, vom Bewusstsein und nicht von bewusstseinsblinden Wesen oder Dingen ohne tieferen Sinn. Wie sehen sie aus, die sogenannten Extraterrestrischen, um diese Frage ein weiteres Mal zu stellen? Wahrscheinlich durchaus ähnlich wie wir selbst, also keineswegs auf monströse Weise anders. Wissen sie von uns, den superschlauen Erdllngen, die ihre Riesenfernrohre in die kosmische Nacht richten, in der seltsamen Hoffnung, derart Signale zu empfangen, die ihnen Aufschluss geben über das All und die Gestirne. Warum seltsam? Weil ich nicht glaube, dass es möglich ist, mit diesen Teleskopen irgendetwas zu entdecken, was wesentlich ist, was uns echte Kunde gibt über die kosmischen Dinge in ihrer Substanz und ihrer Lebendigkeit. Die Erdlinge benutzen Fernrohre, die nicht per se Intelligent sind oder von Intelligenz zeugen. Sie sehen letztlich nur sich selbst. Der Rest ist trostlose Wüste. So sieht dann auch ihr Weltbild aus. „Ein Tor zu tausend Wüsten, stumm und kalt", wie es in einem Nietzsche-Gedicht heißt.

Viele meinen wenn sie an außerirdisches Leben denken, dass sie hier mit einer Zivilisation konfrontiert werden, die der irdischen in technischer Hinsicht weit überlegen ist. Das führt auf das Ufo-Thema, das die Menschen seit Jahrzehnten bewegt und beunruhigt und zu vielerlei Spekulationen veranlasst. Ich bin hier eher unsicher. Ich weiß nicht, was die sogenannten Ufos letztlich sind. Ich neige dazu, sie für irdische Objekte zu halten, obwohl mir die Gegenargumente zu dieser Annahme durchaus bewusst sind.

Und auch dies erscheint mir wichtig: Was sagt eine hohe Stufe technischer Entwicklung über die Bewohner eines Gestirns aus? Wird damit so etwas wie kosmische Intelligenz angezeigt? Das glaube ich eher nicht. Fast würde ich das gerade Gegenteil sagen, obwohl ich hier keine letzte Gewissheit habe.

Kosmische Intelligenz, im Sinne von geistig-kosmischer Befähigung, ist nicht gekoppelt an das, was hier als hohe technische Intelligenz gilt. Das sind verschiedene Bewusstseinsformen und -grade. Die höchsten Formen und Grade technischer Genialität entwickeln sich unabhängig von schöpferischer und in diesem Sinne geistig-kosmischer Genialität.

Aber ich will hier kein Dogma aufstellen, das denn doch der Komplexität dieser Dinge nicht gerecht werden kann. So möchte ich es bei diesen Andeutungen belassen.

In sternenklarer Nacht den Himmel zu beobachten, das ruft im Menschen Schichten und Tiefen auf, die ihn in der Regel überfordern. Zumal dann, wenn er zugleich die kosmologischen Behauptungen im Bewusstsein wachruft, die hier allenthalben als wahr und wissenschaftlich bewiesen vorgeführt werden – was keineswegs der Fall ist. Das nächtliche Firmament reißt uns sozusagen heraus aus der irdischen Verankerung und Enge. Es weitet und sublimiert das Bewusstsein, macht es durchlässig und lebendig.

Und wir spüren, dass wir nicht nur die Blickenden sind, sondern zugleich die Angeblickten.

Wir stehen im Offenen. Betrachtet vom ewigen kosmischen Auge, dem wir nie entgehen können. Wir werden gewissermaßen selbst zu Extraterrestrischen, zu Bewohnern ferner Zonen und Horizonte, die fremd erscheinen und zugleich vertraut und nah. Ferne wird zu Nähe. Das Hier gerät zum Dort. Und wir begreifen, dass wir es immer gewusst haben ...

* * *

Die Wiederbeseelung der Welt I

Wir durchleben eine Weltkrise unvorstellbaren Ausmaßes. Die sogenannte Coronakrise ist nur ein Teil dieser Krise, die als eine Grundlagenkrise unseres gesamten In-der-Welt-Seins bezeichnet werden kann, ja muss. Und zwar weil wir drauf und dran sind, alles zu zerstören, physisch, geistig und spirituell, was zur Essenz unseres Menschseins auf diesem Gestirn gehört. Insofern steht der Erdenmensch überhaupt auf dem Prüfstand. Und da sieht es nicht gut aus, um das eher milde zu formulieren.

Was sich in der Coronakrise brutal deutlich abzeichnet, hat eine lange Vorgeschichte, und um zu verstehen, was heute geschieht, ist es erst einmal erforderlich, sich darüber klarzuwerden, was die abstrakte Naturwissenschaft, wie sie sich seit dem 17. Jahrhundert etabliert hat, damit zu tun hat und was sie im Kern auszeichnet. Die wenigsten machen sich das klar. Diese Wissenschaft hat von vornherein, also schon im Ansatz, alles Lebendige eliminiert oder als „nur subjektiv" abgewertet.

Das kann man paradigmatisch und wie in einem Brennglas bei Galileo Galilei studieren. Mit Recht spricht der bedeutende Technikhistoriker Lewis Mumford in seinem Buch „Die Megamaschine" von dem „Verbrechen Galileis". Ich rede seit Jahrzehnten von der eklatanten Subjektblindheit der herrschenden Naturwissenschaft. Auch die viel gerühmte Quantentheorie hat daran nichts geändert, obwohl häufig das Gegenteil behauptet wird, als sei sie das Alternativprogramm zum mechanistischen Denken. Faktisch ist sie dessen Steigerung, und was die Mathematisierung anbelangt, so ist sie geradezu dessen Krönung. Das Leben bleibt ausgeklammert wie eh und je. Mit der Quantentheorie lässt sich kein Grashalm erklären.

Was als wissenschaftliches Objekt für diese Wissenschaft zählt – und in mathematisch-analytischer Form traktiert wird – , ist eben dies: ein bloßes Ding, das kein Innen, also kein Bewusstsein aufweist. Alles Innen der „Naturdinge", wenn es in eigenständiger ontologischer Wirklichkeit und Wirksamkeit zutage tritt, ist ein nicht integrierbarer Störfaktor für den kalten Rasterblick des wissenschaftlichen Geistes, sofern dieser dem herrschenden Außenweltdogma verhaftet ist – und das ist meistens der Fall.

Nur die als mehr oder weniger tote Außenwelt imaginierte Natur lässt sich fast beliebig quantifizieren oder mathematisieren, sezieren und abstrakt wieder zusammensetzen. Mit dem Lebendigen ist das nicht zu machen.

Wie heißt es im Faust: „Wer will was Lebendigs erkennen und beschreiben, / sucht erst den Geist herauszutreiben, / dann hat er die Teile in seiner Hand, / fehlt leider! nur das geistige Band." (Das sagt Mephistopheles in der Schülerszene.)

Dieses „geistige Band" wird nur als ein abstraktes verstanden, dem keine eigenlebendige Würde zukommt. Das ist das brutale Prokrustesbett, das die abstrakte Naturwissenschaft der umfassend lebendigen Natur aufzwingt und das ermöglicht, was als Technik Furore gemacht hat und heute als Megatechnik fast alles auf diesem Planeten im Griff hat. Aus der abstrakten Grundprämisse folgt langfristig eine Planierung alles Lebendigen, die uns an den Rand der Selbstvernichtung gebracht hat.

Ich spreche vom megatechnischen Pharao, vor dem die Erdbewohner mehrheitlich auf dem Bauch liegen. Dieser metallisch glitzernde Großgötze peitscht die Erdlinge gnadenlos voran, und sie dienen ihm überwiegend mit Inbrunst. Da muss vordergründig gar kein Zwang ausgeübt werden; sie machen freiwillig ihre täglichen Niederwerfungen. Sie haben den Götzen lieben gelernt, sie verehren ihn und huldigen ihm, und wer ihnen das sozusagen madig macht, wird schnell abgestraft und als Fortschritts- oder Wissenschaftsfeind gebrandmarkt.

Wohin die Reise geht, wird zunehmend deutlicher. Stichwort: Great Reset. Dazu später mehr. Zugleich haben sich wohl die meisten Erdlinge wohnlich eingerichtet in einem mehr oder weniger toten, monströsen Weltall, das sie für real halten, obwohl es sie feindselig angrinst, sich um ihr Wohl und Wehe nicht kümmert und im Übrigen, wie ich umfassend bewiesen zu haben glaube, auch über weite Strecken nur hypothetisch, ja fiktiv ist. So wird der Mensch auf der Erde zum Fremdling, zum kosmischen Outcast; man kann auch, mit Peter Sloterdijk, vom „kosmischen Idioten" reden. Kein schmeichelhaftes Etikett.

Sloterdijk meint damit die irreversible Grundbefindlichkeit des modernen Menschen als kosmisch verlorenes Wesen. Wie viele Intellektuelle, die fast durchgehend Wissenschaftsgläubige sind, hält er, Sloterdijk, einen lebendigen Kosmos, der den Menschen integral einschließt und ihm seine Würde zuweist, für obsolet oder für pure Fantasie.

In meinem Buch „Was die Erde will" von 1998 habe ich, bezogen auf die Menschheit, von einem Großexperiment gesprochen, das sich in die Frage bringen ließe: „Wie viele Psychopathen braucht es, um ein Gestirn wie die Erde zu ruinieren?" Diese Frage ist heute, in der Coronakrise, aktueller denn je.

Viele halten das sicher für übertrieben, wehren das ganze Thema ab, in dem Glauben – man kann auch sagen: Wahn –, dass die fulminante Intelligenz der wissenschaftlichen, technischen, digitalen und politischen Eliten es doch irgendwie für uns alle richten werde. Schließlich sei es bis dato immer gelungen, die Totalkatastrophe abzuwenden. Warum nicht auch jetzt?

Die Coronakrise war für mich eine Art Schnellkurs über den Menschen, wie er sich hier mehrheitlich entwickelt hat, und auch über das, was als Wissenschaft so hoch im Kurs steht, wobei hier primär die sogenannte abstrakte Naturwissenschaft gemeint ist, an der sich die Wissenschaft schlechthin bis heute als ihrem Leitbild orientiert.

Die Coronakrise, als integraler Teil der Weltkrise, wie oben vermerkt, die wir gerade durchleben, war und ist für mich auch eine philosophische Herausforderung. Dass sich die Dinge so massiv und in gewisser Weise so plump und dumpf vollzogen haben, hat mich verblüfft.

In gleißendem, kaltem Licht zeigt sich hier der ganze Irrsinn, der auf diesem geschundenen Planeten ohnehin läuft und der auch früher eigentlich nicht zu übersehen war.

Aber jetzt, so war und ist mein Eindruck, vereinfachen sich die lebensfeindlichen Prozesse, wenn man das versuchsweise einmal so nennen will. Mit geradezu erschütternder Deutlichkeit tritt die hässliche Fratze des technischen Götzen, des megatechnischen Pharao, grell in die Sichtbarkeit, und dies ungeachtet aller Utopien und Heilsversprechen, die das Ganze kaschieren sollen.

Man lese das Pamphlet über die „vierte industrielle Revolution" und auch das über den Great Reset von Klaus

Schwab; bei Letzterem hat wohl der Co-Autor Thierry Malleret den Hauptteil geschrieben oder wenigstens den Grundduktus vorgegeben. Das Ideal ist hier offenbar der seiner Freiheit und Menschenwürde beraubte Cyborg-Idiot, der sich kleine Maschinen in seinen Körper einbauen lässt und das auch irgendwie zu genießen scheint, weil er sich so angeschlossen fühlt an die Superintelligenz des technischen Homo deus, des gottgleichen Übermenschen, der uns in das überirdische Paradies geleitet, das wir nun selbst herstellen können und werden. „Will kein Gott auf Erden sein,/ sind wir selber Götter" (22. Lied der „Winterreise" von Wilhelm Müller und Franz Schubert).

Ich will hier einen Gedanken einflechten, den viele ablehnen werden. Der technische Wahn wird vorangetrieben von den Dienern des megatechnischen Pharao, in erster Linie von den sogenannten Eliten, die sich für intelligent halten und von unzähligen Menschen bewundert werden. Sie geben die Marschrichtung vor, in enger Tuchfühlung mit den Mächtigen in Politik, Wirtschaft und Finanzindustrie. Zusammen stellen sie einen ungeheuren, global agierenden und kaum zu kippenden Machtfaktor dar, dem gegenüber sich die meisten Menschen ohnmächtig und hilflos fühlen.

Das führt dazu, dass sie sich auch, in unterschiedlichen Graden, aus der Verantwortung stehlen, und zwar nach dem Motto: Was können wir dafür, die wir doch quasi nur Befehlsempfänger oder Ausführende beziehungsweise Mitspieler sind?

So einfach ist es nicht, meine ich: Es gibt nicht nur die wenigen mächtigen Täter – also die „Bösen" – auf der einen Seite und die vielen unschuldigen Opfer auf der anderen Seite, die „nichts dafür können".

Das gilt auch für die ökologische Krise. Die vielen „da unten" sind zugleich Akteure, sind Mitspieler und stehen als solche auch in der Verantwortung, die angelegt ist in der Conditio humana. Man kann sie, also die vielen, nicht in Gänze exkulpieren.

Dennoch, dennoch: Die „da oben" tragen zwar nicht die alleinige, aber ganz sicher den Hauptteil der Verantwortung, zumal sie „die Masse" umfassend manipulieren und steuern und je nach Situation auch ausbeuten und misshandeln. Je größer die Macht, um so größer auch die Verantwortung und die daraus resultierende Möglichkeit – ich erlaube mir diese Fantasie –, im Zuge eines globalen Umbruchs sich vor einem „Welttribunal" verantworten zu müssen. Die Corona-Regime in aller Welt sind schuldig und bleiben schuldig. Wie alle anderen brutalen und grausamen Regime und Machtapparate bis hin zum faktischen Faschismus, der auch als Ökofaschismus und Technofaschismus daherkommt., wie man heute klar sieht.

Hier möchte ich einflechten, dass uns die herrschende Kosmologie letztlich eine Art Verbrecher-Universum vorgaukelt, innerhalb dessen der irdische Faschismus irgendwie provinziell wirkt, wenn man die sternenfressenden Supermonster der sogenannten Schwarzen Löcher bedenkt, die allen Ernstes für real gehalten werden, obwohl der projektive Anteil darin eigentlich mit Händen zu greifen ist. Vor einigen Jahren wurde dem staunenden Weltpublikum gar ein Foto eines solchen Schwarzes Loches vorgestellt, das weltweit beklatscht wurde, aber – immerhin – dann doch von einigen, allerdings sehr wenigen, kritischen Physikern etwa Alexander Unzicker, als das entlarvt wurde, was es ist: ein im Grunde grotesker Fake, ein Computerkonstrukt.

Im Mittelteil meines Videos „Was ist Erkenntnis?" vom August 2019 findet sich ein Kommentar dazu.

Dass dieses Katastrophen-Universum die Ausgeburt eines im Grunde kranken Geistes ist, habe ich in meinem Kosmologie-Buch („Räume, Dimensionen, Weltmodelle. Impulse für eine andere Naturwissenschaft") ausführlich dargestellt und begründet. Sollte der Weltgeist tatsächlich eine solche Welt geschaffen haben, kann er nicht intelligent sein. Ich würde dann eher an einen bösartigen Demiurgos denken, wie ihn die alten Gnostiker imaginierten.

Die abstrakten Naturwissenschaftler und selbst ernannten Kosmologen – die eher Chaotologen heißen sollten – sind übrigens auf ihre Weise die Nachfahren dieser alten Gnostiker. Der Weltformel-Wahn, der viele abstrakte Geister beflügelt, ist wohl primär neo-gnostisch zu verstehen. Die Auflösung oder abstrakte Verdampfung der „real existierenden Welt" in dem einschlägigen Formelwerk bedeutet zugleich die Annihilierung aller lebendigen Zusammenhänge.

In der Weltformel ist die Weltaufhebung enthalten oder zumindest mitgedacht, wie ich schon vor vielen Jahren gezeigt habe. Das ist schwarze Alchemie von der übelsten Sorte. Auch so ein Götze, den viele bewundern oder anbeten. In solchem Götzendienst ergehen sich auch die Matadore des Transhumanismus, die zunehmend an Macht und Einfluss gewinnen. Eigenartig, dass sie die Vorläufer – und Begleiter! – ihrer Wahnideen nicht oder kaum zur Kenntnis nehmen, also die abstrakte Naturwissenschaft seit Galilei.

Die Weltkrise einschließlich der Coronakrise ist in der Substanz eine Bewusstseinskrise oder, wie ich gelegentlich sage, eine psycho-kosmologische Krise. Die herrschende Bewusstseinsformation auf diesem Planeten ist die der Intellektualkultur.

Kaum jemand kann sich diesem Moloch entziehen, zumal er ja gefeiert wird und ihm ständig Opfergaben dargereicht werden. In erster Linie unsere lebendige, und das heißt für mich stets kosmisch-geistige, Würde. Diese Würde legen wir dem megatechnischen Imperator mundi vor die Füße. Dieser nimmt sie gerne an. Warum? Weil er diese lebendige Substanz braucht. Entzieht man ihm diese Substanz, bleibt nur die tote und abgespaltene Technosphäre, die dann auch durch ihre Aufwertung zur Theosphäre nicht davor bewahrt werden kann, in den Orkus hinabgerissen zu werden, der alles Leben auf der Erde zerstört.

Der Parasit braucht den lebendigen Wirt. Wenn der technische Mensch als praktizierender Götzendiener die menschliche, die geistig-kosmische Substanz, die selbst ihm als Potenzial innewohnt, komplett ruiniert, zerstört das auch ihn selbst. Und das weiß oder ahnt er. Das „Stahlskelett" der globalen Intellektualkultur ist tot und bleibt tot, und ohne das Absaugen und ständige Vernutzen dessen, was den Menschen in seiner eigentlichen Würde ausmacht, ist auch der Homo technicus am Ende. Er verdurstet in seiner abstrakten Wüste, weil er alle lebendigen Quellen zugeschüttet hat. Und das erkennt er wohl erst, wenn es zu spät ist. Der technische Imperialismus widerlegt sich selbst, wenn er umfassend siegt oder zu siegen vermeint. Er implodiert in sein eigenes Nichts hinein ... Es ist klar, dass er – wie Hitler – möglichst viele in diesen Untergang seiner selbst hineinziehen würde – ich benutze hier bewusst den Konjunktiv.

Ich sage es noch einmal, weil es offenbar von den meisten ignoriert wird – bin ich zum „Prediger in der Wüste" geworden? – : Die herrschende abstrakte Naturwissenschaft, auf der das ganze Gebäude unseres technischen In-der-Welt-Seins beruht, ist letztlich auf eine menschenleere Welt ausgerichtet, eine tote Welt, eine Welt ohne Leben und Bewusstsein.

Eine Welt ohne ein Innen, ohne Bewusstsein also, die nur das Außen als verbindlich erachtet und mehrheitlich von Wesen bewohnt wird, die ihr eigentliches Innensein im geistig-kosmischen Sinne vergessen oder verraten haben, ist nicht nur absurd und unmenschlich, sondern auch dämonisch. Wobei diese Dämonie fortlaufend kaschiert, ja geleugnet werden muss, weil sonst die „Akzeptanz der Menge" nicht mehr gegeben ist. Ohne die fortdauernde Beschwörung des Heils, ja der Erlösung durch die technische Weltbemächtigung würde der Great Reset nicht greifen.

Im Letzten geht es um eine Art lebensfeindlicher Erlösung, die als Weltrettung und Weltgesundung daherkommt. In dem Corona-Irrsinn wird dies geradezu holzschnittartig vorgeführt.

Die Corona-Regime bedienen sich solcher Weltrettungsfantasien, die durchgängig einen religiösen Touch haben, wenn sie nicht überhaupt zur Religion geworden sind, einer dogmatischen und totalitären überdies.

Das mit der Dämonie meine ich keineswegs nur intellektuell-metaphorisch, um gleich ein mögliches Missverständnis abzuräumen. Es gibt das Böse, wie auch immer wir es jetzt fassen wollen. Eine Diskussion über die „Ontologie des Bösen" allerdings ist weitgehend müßig und führt nur in jene sattsam bekannte Form der ideologischen Auseinandersetzung, bei der nichts herauskommt.

Was ist überhaupt Wissenschaft? Die Frage ist nicht einfach

und schnell zu beantworten. Wer die Wissenschaftler selbst befragt, erfährt wenig Substanzielles; sie sind mehrheitlich blind für die Grundlagen und die Voraussetzungen ihres eigenen Tuns. Auf jeden Fall steckt darin das Wort „Wissen". Was jeweils als Wissen gilt oder ausgegeben wird, ist bei Licht gesehen häufig nur eine irgendwie plausible und konsistente Behauptung über ein Phänomen, einen Sachverhalt, ein Naturding et cetera.

Weniges ist wirklich selbstevident und damit im allgemeinen Bewusstsein eine Tatsache, ein Faktum, das rational-empirisch nicht angezweifelt werden kann. Die Wahrheit steht nicht in Leuchtbuchstaben über dem zu interpretierenden oder zu erklärenden Phänomen. Das Rational-Empirische ist in der Intellektualkultur verankert, die vor rund 2.500 Jahren in Griechenland erstmalig Form gewann und bis heute das maßgeblich bestimmt, was als Wissenschaft Gültigkeit beanspruchen kann und darf.

Wissenschaft war zunächst und für lange Zeit ausschließlich Naturwissenschaft, die sich aus der Naturphilosophie heraus entwickelte und irgendwann ohne diese, ja ohne Erkenntnistheorie und vertieftes Denken überhaupt, ihren Siegeszug über den Globus antrat. Das sind allseits bekannte Dinge – könnten es jedenfalls sein.

Weniger bekannt ist der Umstand, dass Wissenschaft oder was als eine solche gilt, nie loszulösen war und ist von einem übergreifenden Weltbild, das die Grundannahmen und Prämissen umschließt und fundiert, ohne welche die Wissenschaft überhaupt bodenlos wäre. Die Prämissen werden selten direkt genannt und häufig genug übersehen, sie sind aber von essenzieller Bedeutung.

Für „Weltbild" lässt sich auch „Weltanschauung" sagen. Diese muss nicht explizit in Erscheinung treten, aber es gibt sie; sie bestimmt letztlich das mit, was als Wirklichkeit gilt. Wissenschaftliche Kontroversen erwachsen häufig aus einem jeweils andersartigen Verständnis von dem, was als wirklich gewertet oder gesetzt wird. Die berühmte Kontroverse zwischen Albert Einstein und Niels Bohr, den Quantentheoretikern überhaupt, zeigt dies paradigmatisch.

„Wirklichkeit" ist ein schwieriger Begriff, oft eingeengt auf das pure Faktum, die Tatsächlichkeit von Dingen oder Zusammenhängen. Bei allen Aussagen, die die unmittelbare sinnliche Evidenz übersteigen, kommen Hypothesen ins Spiel, die bei näherer Betrachtung sich häufig als – partiell nützliche – Fiktionen erweisen. Wichtig ist dabei die über die mathematische Beschreibung vermittelte Präzision und Voraussagekraft, auf die die Physiker besonders stolz sind.

In einem langen Gespräch mit Werner Heisenberg über Grundfragen der Physik und die Feldtheorie von Helmut Krause im Sommer 1974 forderte ich ihn auf, in einem Satz zu sagen, was er als Physiker und Wissenschaftler wolle. Seine Antwort war: „Ich will die Natur verstehen, und zwar so genau verstehen, dass Voraussagen möglich sind." Das ist deutlich genug. Verstehen wird an – zutreffende – Voraussagen geknüpft. Ist das ein Kriterium für Wirklichkeit oder gar Wahrheit im wissenschaftlichen Verständnis? Das hängt von den Prämissen ab, die gesetzt werden und die den Erkenntnisprozess bestimmen.

Wer eine andere Grundannahme vertritt als in der herrschenden Intellektualkultur vorgesehen und damit von einem anderen Weltbildkontext ausgeht, was ich tue, wird ein Phänomen oder Naturding anders deuten, als dies im herkömmlichen Rahmen akzeptiert und honoriert wird. Voraussagen kann es trotzdem bis zu einem gewissen Grade geben; nur sind diese anderer Art beziehungsweise anders eingehängt und sind nicht, im üblichen Verständnis von Wissenschaft, abstrakt und technisch umsetzbar.

Menschen neigen dazu, etwas für wahr oder, bescheidener, für richtig zu halten, wenn etwas im technischen Sinne „Greifbares" dabei herauskommt. Motto: Mein Computer funktioniert, also sind die physikalischen Bauprinzipien, die ihm zugrunde liegen, doch einwandfrei bewiesen. Kurz: Was funktioniert, ist wahr.

Stimmt das? Keineswegs; aber was funktioniert, ist zumindest technisch erst einmal richtig, vom Staubsauger bis zum Smartphone, aber gerade dieses Funktionieren verdeckt häufig das, was fehlt und was die eigentliche ontologische und kosmisch-natürliche Grundlage darstellt. Beispiel: Was transportiert elektromagnetische Wellen durch den Raum? Dieser Frage gegenüber hat die herrschende Physik keine überzeugende Antwort.

Die berühmte Äthertheorie, die im 19. Jahrhundert die Physiker bewegte und beunruhigte, ja überforderte – man kam einfach nicht klar damit, weil dieses Medium ungeheuer dicht und zugleich unvorstellbar fein sein musste und so weiter –, war auf jeden Fall sinnvoller als die nichtssagende Aussage vom „Quantenvakuum" , die keinerlei echten Erklärungswert hat. Zu diesen Fragen habe ich mich in meinem Kosmologie-Buch eingehend geäußert, auch in meinem Video über den Michelson-Morley-Versuch.

Die neuzeitliche Wissenschaft ist ohne ihr technisches Pendant nicht denkbar. Der Großteil der heutigen astrophysikalischen, kosmologischen oder mikrobiologischen Forschung würde sofort kollabieren, wenn man den großen Stecker zieht, wenn man sie abkoppelt von den abstrakten Bildern und Messinstrumenten, deren sie bedarf, um vollgültig sie selbst zu sein.

Insofern ist Wissenschaft ein integraler Teil der technokratischen Diktatur. Und dies in engster Verbindung mit den Zentren der Macht und des Geldes. Das genuine Denken spielt in der Wissenschaft eine verschwindend geringe Rolle.

Philosophie gilt dort als mehr oder weniger schöngeistiges Glasperlenspiel, das durchaus „sein darf", unterstellt natürlich, sie erhebe keine übergreifenden oder gar die Wissenschaft tiefergehend befragenden und herausfordernden Ansprüche. Diese Herausforderung wird seitens der Wissenschaft mehrheitlich verneint, ja empört zurückgewiesen. Die eigentlich interessanten naturphilosophischen Grundfragen bleiben dabei auf der Strecke: Was ist Licht? Was ist Gravitation? Ist diese unendlich schnell oder hat sie eine messbare Geschwindigkeit? Warum durchdringt sie alles? Was hält die Erde im Raum? Ist dieser Raum einfache tote Erstreckung oder ein lebendig pulsierendes Etwas, auf das der alte Begriff „Weltseele" anzuwenden wäre – wovon ich ausgehe? Und vieles mehr.

* * *

Die Wiederbeseelung der Welt II

Wie ist das nun mit der technokratischen Diktatur in der Weltkrise, die uns zunehmend den Atem raubt und die Sensibleren fast in den Wahnsinn treibt? Hat die Philosophie hier etwas zu melden oder Substanzielles anzumerken? Ich würde dies bejahen, gehe dabei allerdings von einer Vorstellung von Philosophie aus, der kaum einer heute anhängt. In der Intellektualkultur des megatechnischen Pharao gilt: Wenn die Wissenschaft forscht und spricht, hat der Philosoph zu schweigen, denn – das wird ja angenommen – was hätte er schon ernsthaft zu sagen, solange er nicht selbst zum Rechenmeister wird, zum abstrakten Zauberlehrling?

Die Hohepriester des Abstrakten wollen nicht gestört werden in ihrem Wirken, wollen und können (!) die eigentlich relevanten Grundfragen nicht stellen, um das noch einmal anzumerken. Deswegen ist ihr Weltbild so öde, so monoton und monochrom; deswegen gleicht es eher einem Albtraum, einem Wahngebilde, einer gigantischen Phantasmagorie.

Diese könnte man auf sich beruhen lassen, wenn sie nicht tief hineinreichte und hineingriffe in unsere Kernsubstanz als Menschen, als lebendige Ich-Wesen, was zur Folge hat, dass sie uns ruiniert und seelisch kaputt macht, unsere schöpferische Fantasie erstickt. Und: Was die Seele kaputt macht, macht zugleich auch die lebendige Natur, die uns trägt, kaputt. Der megatechnische Vernichtungsfeldzug, den wir erleben, wurde vorbereitet durch einen bewusstseinsmäßigen, theoretischen Vernichtungsfuror, der sich zunächst im Ideologischen bewegte, im zunehmend toten und abgesprengten Denken.

Doch die reale Verwüstung folgt der ideologischen dicht auf dem Fuße. Hiroshima ist ohne die lebensfeindliche Physik nicht denkbar. Als Otto Hahn am 6. August 1945 in Farmhall in England, wo er mit Werner Heisenberg, Max von Laue, Carl Friedrich von Weizsäcker und anderen interniert war, über das Radio vom Abwurf der Atombombe über Hiroshima hörte – Heisenberg bezweifelte zunächst, ob es sich wirklich um eine solche handelte –, soll er gesagt haben: „Damit habe ich nichts zu tun." Zugleich wussten alle Beteiligten, dass er innerlich ganz anders dachte und selbstmordgefährdet war, weil er sich schuldig fühlte. Man hatte Angst um ihn.

Otto Hahn hatte einmal Weizsäcker gegenüber geäußert, dass er sich umbringen würde, falls aus seinen Entdeckungen eine Atombombe folgte – allerdings „in der Hand Hitlers", wie Weizsäcker 1967 in einem Spiegel-Gespräch äußerte. Jetzt war es nicht Hitler, sondern es waren die Amerikaner. Trotzdem warf es ihn fast um.

Das sind Vorgänge, die zum Thema gehören, die mitgedacht werden müssen, obwohl es die Physiker geschickt verstanden haben in den späteren Jahren, alles auf die Politiker abzuwälzen und sich selbst als „reine Forscher" zu präsentieren. Robert Oppenheimer war da, wenigstens für einen kurzen Moment, ehrlicher, als er nach dem Abwurf der ersten Atombombe in der Wüste von Nevada am 16. Juli 1945 entsetzt äußerte: „Wir haben die Arbeit des Teufels getan."

Die Technik – von welcher Größenordnung an? – hatte und hat stets auch ein machtförmiges Element, das diktatorische Züge trägt und sich als alternativlos präsentiert und gebärdet. Dieses Element macht auch vor der menschlichen

Kernsubstanz nicht halt. Diese Kernsubstanz soll umgebaut, „verbessert" und auf eine als höher geltende Stufe gehoben werden.

Der Mensch soll zum Cyborg-Gespenst, zum Roboter ohne selbstbestimmte und ichhafte Geistigkeit werden: zum fremdbestimmten Mischwesen, wie es der Great Reset vorsieht, mit technischen Implantaten im Leib, die zu einem Teil dieses Leibes werden, den man nicht mehr loswerden kann, der dann immer da ist und sein satanisches Lied singt: „Du bist geschützt, dir geht es gut, du hast alles, was du brauchst, vertraue uns, wozu musst du dich quälen mit Fragen und tieferen Denkprozessen, das führt doch alles zu nichts, wir bauen die bessere Welt zu deinem Nutzen, zu deiner Freude und für den globalen Frieden ..."

Der Mensch soll zur technischen Marionette werden. Wozu Freiheit, wozu Selbstbestimmung, wozu all das, was den Menschen früher belastete?

Er soll so umgebaut werden, dass er ohne allzu großen Aufwand gesteuert werden kann von den Herrenmenschen – und die Damen nicht zu vergessen – der digitalen Konzerne und der Kathedralen der abstrakten Macht, die sich geistig schon abgesprengt haben vom Lebendigen und nun dabei sind – es dauert noch etwas, nur Geduld –, dieses Lebendige in Gänze oder fast in Gänze zu eliminieren. Geistig und physisch. Das ist Nihilismus pur, der „Wille zum Nichts", wie Nietzsche sagt. Vielleicht erinnert sich noch jemand an den Titel des letzten Buches des Ökologen Herbert Gruhl von 1992 „Himmelfahrt ins Nichts" (mit dem Untertitel: „Der geplünderte Planet vor dem Ende")?

Zunächst einmal geht es den Matadoren der abstrakten Weltbemächtigung um zügellose und staatsübergreifende

Macht, um die Unterwerfung der Menschheit, und um diese obszöne Machtfülle zu genießen, darf nicht alles zerstört werden, um diesen Aspekt ein weiteres Mal zu nennen. Etwas Natur soll und darf erhalten bleiben. Später, irgendwann, vielleicht schneller, als man denkt, mutiert dann der Geist zum Chip und zur KI (der sogenannten Künstlichen Intelligenz), und dann geht es weiter, immer weiter, hinein in den Umbau und die Kolonisierung der kosmischen Umwelt, wie dies schon der Quantenphysiker Frank Tipler 1994 in seinem monströsen Buch „Physik der Unsterblichkeit" sozusagen plastisch beschrieben hat – es winkt die technische Erlösung, die technische Unsterblichkeit.

Das Buch wurde zum Megabestseller, und dies über Monate hinweg! Die Esoteriker waren begeistert. Der unvollkommene, biologisch-fleischliche Mensch mutiert in dieser Wahnidee zur perfekten Simulation seiner selbst – er merkt den Unterschied gar nicht – und ist dann unzerstörbar, unsterblich. Selig im Irrsinn, selig im Wahn, ein ewiges Gespenst ...

Religiöser Wahn im Gewand der abstrakten Naturwissenschaft.

Der Schöpfungsplan wird „umfunktioniert", um eine Worthülse der 68er zu verwenden, zum technischen Plan, den die Zauberlehrlinge entworfen haben. Goethe hat das Grundmuster dieses Irrsinns heiter und zugleich prägnant in seinem Gedicht „Der Zauberlehrling" dargestellt, das von beklemmender Aktualität ist. Die Zauberlehrlinge, allesamt, werden scheitern, wenn die „heilige Natur" (Friedrich Hölderlin) zu sich selbst erwacht und die große Scheidung der Geister aufsteigt wie ein strahlendes Gestirn und die Gespenster vertreibt und dorthin verbannt, wohin sie streben und von wo sie kommen. Ich erlaube mir diese kleine poetische, aber nicht nur poetische, Träumerei, die mich immer wieder belebt und mir Zuversicht schenkt, wenn mich der Wahnsinn anflutet, der hier tobt und nicht weichen will.

Das führt auf die Frage einer rettenden, einer in irgendeinem Sinn verheißungsvollen Perspektive. Ohne diese Perspektive bleiben wir blockiert und ohnmächtig, aber wo wäre sie zu suchen und gegebenenfalls zu finden? Wo ist die Spur, der es sich zu folgen lohnt? Soweit das Auge reicht, ist nichts dergleichen zu erkennen.

Was man überwiegend wahrnimmt, gleicht dem wüsten Land der Gralserzählung. Und da ist wenig Hoffnung. Und doch gibt es diese Spur. Davon bin ich überzeugt. Ich glaube nicht an die Vernichtung der Erde. Das Schöpferische wird siegen.

Hier klingt mir schon der mir bestens bekannte Einwand in den Ohren: „Aber lieber Herr Kirchhoff! Was ist das denn? Glauben Sie das ernsthaft? Das erinnert doch fatal an das berühmt-berüchtigte Statement von Martin Heidegger in dem Spiegel-Gespräch von 1966: ‚Nur ein Gott kann uns retten.' Meinen Sie so etwas? Ist das nicht Wunschdenken oder, schlimmer noch, eine irgendwie esoterische Phantasmagorie?"

Mit Heidegger kommen wir nicht weiter, obwohl der Satz, für sich genommen, nicht falsch sein muss. Alles hängt hier davon ab, was mit „ein Gott" – warum nicht auch „eine Göttin"? – gemeint ist. Um etwas Religiöses, wie es gemeinhin verstanden wird, kann es sich nicht handeln. Gut, aber was dann? Ich will versuchen, wenigstens anzudeuten, wo ich einen Rettungsimpuls sehe. Und dazu muss ich etwas ausholen. Zuvor einige mutmachende Zeilen von Goethe:

„Allen Gewalten / zum Trotz sich erhalten; / nimmer sich beugen / kräftig sich zeigen. / Rufet die Arme der Götter herbei." Statt „ein Gott" nun „die Arme der Götter".

Sind das höhere Wesen als Hüter und Wächter der Erde? Ja, das schwingt auf jeden Fall mit. Ich will das fürs Erste – wie Goethe selbst – in der Schwebe lassen.

Was meint Rettung? Rettung wovon und Rettung wozu? Das ist wie mit der Freiheit; auch hier lässt sich nach dem Wovon und dem Wozu fragen. Rettung hat mit diesem „Sich-Erhalten" zu tun. Das betrifft den Einzelnen und, naturgemäß, das ihn nährende und tragende Gestirn, das keine Oase ist inmitten einer kosmischen Wüste, sondern als eingebettet begriffen werden kann in die All-Lebendigkeit des Universums, bescheidener vielleicht: in die uns umgebenden und durchdringenden Strömungen und Schwingungen unserer kosmischen Umwelt beziehungsweise „Nachbarschaft". „Weltraum ist Weltseele", sagt der Philosoph und Kosmologe Helmut Friedrich Krause (1904 bis 1973).

Das überzeugt mich. Der Nur-außen-Raum ist eine Fiktion. Es gibt ihn gar nicht, kann ihn gar nicht geben. Das lässt sich schon rein phänomenologisch aus unserer unmittelbar erfahrenen Leiblichkeit ableiten. Wir leben und atmen ja nicht im letztlich abstrakten „Ortsraum" (Hermann Schmitz), wie ihn Mathematik und Physik beschreiben, sondern in einem rundum lebendigen und bewusstseinserfüllten Medium, das sich der wissenschaftlichen Rasterfahndung völlig entzieht.

Im Übrigen und gleichsam im Vorübergehen vermerkt: Die Raumfrage ist wissenschaftlich und intellektuell nie gelöst worden; sie bleibt ein großes Rätsel. Kein Physiker oder Mathematiker weiß wirklich, was der Raum ist, genauso wenig wie er weiß, was Licht, was Gravitation, was Bewusstsein ist, was die Gestirne sind und was Leben ist und wie es entstand.

Nur von einer Kosmologie der All-Lebendigkeit aus kann man sich ernsthaft der Frage nähern, ob es, zunächst gegen die Evidenz der gnadenlos voranschreitenden Zerstörung, so etwas wie Rettung und Heilung geben kann.

Die Erde ist ein lebendiger Organismus, auch die anderen Gestirne sind es. Superheiße Kugeln oder thermonukleare Höllen – so werden die Sterne ja von der herrschenden Astrophysik und Astronomie gesehen – , die in eisiger Nacht und ewig sinnlos umeinander herumfallen, gibt es nach meiner Überzeugung gar nicht. Ich greife hier auf Gedanken Helmut Krauses zurück, die ich versucht habe weiterzudenken. Was uns als kosmisches Licht erscheint, ist das Resultat subtiler und sehr differenzierter Wechselwirkungen der Raumenergieverstrahlungen der uns umgebenden Gestirne, vor allem der Sonne, die kein Höllenstern ist, sondern eine rundum lebendige Kugel, wie alle sogenannten Sonnen.

Ein gasförmig waberndes Gestirn von so ungeheurer Hitze, wie ja unterstellt wird – letztgültig bewiesen wurde es nie –, ist ein physikalisches Monstrum, das niemals funktionieren und als klar definierte Kugel erscheinen könnte. Was wir sehen, ist eine kreisrunde Scheibe mit einer deutlich erkennbaren Abgrenzung, die, bezogen auf das Gestirnganze, unterhalb der Oberflächenschicht eher auf eine feste und nicht auf eine gasförmige Struktur verweist.

Die astrophysikalischen Behauptungen zur Physik der Sonne und des kosmischen Lichtes sind Fiktionen, erwachsen aus Rechenoperationen und Extrapolationen auf der Grundlage der Physik der Erdoberfläche, wie wir sie kennen.

Es handelt sich um methodischen Geozentrismus (Kurzformel: „Alles so wie hier"), in dem wechselwirkende Raumenergiefelder keinen Platz haben. Was an Mathematik hier mitgeliefert wird, hätte nur dann Beweiskraft, wenn es diese Felder nicht gäbe. Dazu habe ich mich andernorts eingehend geäußert, am ausführlichsten in dem erwähnten Buch „Räume, Dimensionen, Weltmodelle", aber auch in einigen Videos.

Die Erde („Gaia") als Teil der rundum lebendigen und bewusstseinserfüllten Galaxie – es gibt in ihr unzählige belebte und bewohnte Gestirne – wird, wie jeder Organismus, alles versuchen, „sich zu erhalten", das eigene organische und seelisch-geistige Immunsystem aufzubieten, um die bedrohenden destruktiven Energien abzuwehren. Menschen, die sich ihrer innersten Natur als kosmisch-geistige Wesen wirklich bewusst werden, wirken daran mit. Das stelle ich hier ohne weitere Fundierung als These und Gedankenmeditation in den Raum.

„Gedanken sind wirksame Faktoren des Universums", sagt Novalis. Offenbar gibt es ein Geisterringen im Kosmos, einen Antagonismus von schöpferischen und destruktiven, regressiven Kräften.

Etliche Mythen und Mythologeme sowie Neomythen in Büchern und Filmen künden davon, auch Philosophen wie Heraklit, Giordano Bruno, Jakob Böhme, Friedrich Wilhelm Joseph Schelling, Friedrich Nietzsche – mit Abstrichen – , Helmut Krause und Jochen Kirchhoff tun es auf ihre Weise. In dieses Geisterringen sind wir involviert, ob wir es wollen oder nicht. Und dieses Geisterringen ist im Fall der Erde besonders schwierig für die schöpferischen Geister.

Die dämonischen Kräfte haben hier schon bedrohlich an Boden gewonnen und verteidigen ihre Bastionen mit aller ihnen zur Verfügung stehenden Raffinesse und Brutalität. Noch ist es nicht gelungen, sie schachmatt zu setzen, sie unschädlich zu machen. Aber es wird gelingen. Es wird gelingen, wenn es im Prinzip möglich ist. Was hier möglich ist, wird geschehen. Davon gehe ich aus. Und ganz sicher bedarf es dazu eines bestimmten Kairos, einer bestimmten höheren Konstellation, die sich im Vorhinein nicht abgreifen lässt. Dieser Kairos und dieses Geisterringen sind keine Fantasy, verehrte Leserinnen und Leser. Viele von euch ahnen ohnehin, dass sich so etwas abspielt, wenn mich meine Wahrnehmung nicht täuscht.

Übergangs- und Endzeitszenarien gibt es zur Genüge. In dem Film „Matrix", vor allem im ersten Teil, ist offenbar Zukünftiges vorgezeichnet oder angedeutet, wie immer sich dies nun in der Realität darstellen wird. Letztlich geht es um ein Aufwachen zur Wirklichkeit. Dieses Aufwachen ist schwer, sehr schwer. Doch die Weltkrise könnte es erleichtern. Keiner steht auf sozusagen neutralem Boden. Jeder muss – irgendwann – Farbe bekennen. Und formelhaft würde ich sagen:

Raus aus der Matrix der Vernichtung und Knebelung und wach werden! Vom „kosmischen Idioten" zum „kosmischen Anthropos". Vielleicht ist es angezeigt, von einer metaphysischen Revolution zu reden. Das schließt unzählige konkrete Entscheidungen und Schritte ein vonseiten der schöpferischen Geister. Alles wird davon abhängen, wer wir wirklich sind, wenn „es darauf ankommt". Und damit ist nicht nur der angedeutete Kairos irgendwann in der näheren oder ferneren Zukunft gemeint, sondern das Hier und das Jetzt. Jetzt kommt es darauf an. Die Diener des megatechnischen Pharaos sind nicht müde, sondern voll erschreckender Munterkeit. Aber wir sollten den Gegner nicht überschätzen, natürlich auch nicht unterschätzen.

Die Götzen sind schon „angefressen", ihre Diener schlagen um sich, weil sie die Bedrohung spüren. Insofern ist diese jetzige Phase besonders gefährlich, aber gerade dadurch auch hoffnungsvoll.

Der große Denker Giordano Bruno hat es in einer seiner Schriften (von 1584) schon im Titel auf eine prägnante Formel gebracht, die einen kämpferischen und programmatischen Impetus verrät: „Lo spaccio della bestia trionfante", zu Deutsch: „Die Vertreibung der triumphierenden Bestie". Darum soll und wird es jetzt und in Zukunft gehen.

* * *

Quellen

Manova Magazin
manova.news

Der Corona-Blues (25.04.2023)
Zerrissen zwischen Ost und West (17.09.2024)
Die Rückkehr des Lebens (21.04.2022)
Lichtfülle des Lebendigen (26.08.2022)
Die Wehmut der Todesnähe (29.10.2022)
Eine epochale Winterreise (08.12.2022)
Der neu gefundene Glanz der Dinge (19.10.2023)
Die Welt ohne uns (17.08.2023)
Die Extraterrestrischen (29.02.2024)
Die Wiederbeseelung der Welt I (19.02.2022)
Die Wiederbeseelung der Welt II (24.02.2022)

Institut für kritische Gesellschaftsforschung
kritischegesellschaftsforschung.de

Erkenntnis und Wahn. Das Problem der Wissenschaft
    in der Weltkrise (Januar 2022)

Cicero Online – Magazin für politische Kultur
cicero.de

Die Arbeiter des Teufels (02.08.2023)

Über den Autor

Jochen Kirchhoff, geb. 1944, lebt und arbeitet in Berlin. Er hat in den 1990er und Anfang der 2000er Jahre etwa 150 Vorlesungen zu naturphilosophischen Themen gehalten, von denen einige hier als Transkript abgedruckt sind. Bisher ist nur ein Teil der Vorlesungen als Podcast und Transkript veröffentlicht.
Über 400 öffentliche Vorträge zu naturphilosophischen und gesellschaftlich relevanten Themen hat er zudem seit 1980 gehalten. Zahlreiche durchgeführte Seminare u. a. zu geomantischen Themen und zur ganzheitlichen Rezipierung von klassischer Musik rundeten seine Lehrtätigkeit ab. Auf seinem Youtube-Kanal sind desweiteren philosophische Gespräche veröffentlicht, die auch auf zeitgeschichtliche Phänomen aus philosophischer Sicht eingehen. Sein schriftstellerisches Werk umfasst bisher seine naturphilosophische Tetralogie, Arbeiten zur Philosophie der Musik, Monografien, Beiträge in Zeitschriften und Schrifttum zur Bewahrung, Aufarbeitung und schöpferischenPflege des philosophischen Werkes von Helmut Friedrich Krause. Jochen Kirchhoff ist ausgewiesener Kenner des Werkes von Giordano Bruno, Friedrich Wilhelm Schelling, Novalis, Friedrich Nietzsche, Arthur Schopenhauer und Helmut Friedrich Krause u. v. a. Er beteiligt sich regelmäßig mit Essays und Interviews am gesellschaftlichen Diskurs zu zeitgeschichtlichen Phänomenen und grundlegenden Fragen zur Bewältigung der Bewusstseinskrise der Menschheit aus philosophischer Sicht.

Weiterführende Literatur

Bücher von Jochen Kirchhoff

im Drachen Verlag

Die Anderswelt
– Eine Annäherung an die Wirklichkeit
2002 / 2020

Die Erlösung der Natur
– Impulse für ein kosmisches Menschenbild
2004 / 2008

Räume, Dimensionen, Weltmodelle
– Impuse für eine andere Naturwissenschaft
2007 / 2024

Was die Erde will
– Mensch, Kosmos, Tiefenökologie
2009

Das kosmische Band
– Der Mensch und seine Bedeutung für das Ganze
2010

Klang und Verwandlung
– Klassische Musik als Weg der Bewusstseinsentwicklung
2010

In der **edition** *dionysos*:

H. F. Krause

Der Baustoff der Welt
1982 / 2024
What the world is made of / Ce dont le monde se fait
2024

Vom Regenbogen und vom Gesetz der Schöpfung
1989

Jochen Kirchhoff

Giordano Bruno, 2025 (Neuausgabe von roro 1980)

Schelling, 2025 (Neuausgabe von roro 1982/2000)

Nietzsche, Hitler und die Deutschen
– Die Perversion des Neuen Zeitalters
1990 / 2024

Naturphilosophie – Vorlesungen und Vorträge
2024

Internet-Medien

Web-Präsenz: helmut-friedrich-krause.de
Kernthesen, Werdegang, Werke

Youtube-Kanal: Jochen Kirchhoff
über 100 Videos, philosophische Gespräche und Interviews

Web-Präsenz: jochenkirchhoff.de
Übersicht aller Vorlesungen, Vorträge und Bücher